Charles Perrault

Märchen aus alter Zeit

Illustriert von Gustave Doré

A. Melzer Verlag

Nach den Originalausgaben von 1694 (Contes en Vers) und 1697 (Histoires ou Contes du temps passé. Avec des Moralitez) neu übertragen von Dorothee Walterhöfer.
Die Bildtafeln wurden der ersten von Doré illustrierten Ausgabe von 1862 entnommen.

Gesamtherstellung: Smeets Offset, Weert, Nederland
ISBN 3-8201-0018-0

An Mademoiselle

Mademoiselle,

man wird es nicht seltsam finden, daß es einem Kind Vergnügen machte, die Märchen dieser Sammlung zu schreiben, man wird jedoch erstaunt sein, daß es die Kühnheit besaß, sie Euch zu überreichen. Aber welches Mißverhältnis auch bestehen mag zwischen der Einfalt dieser Erzählungen und Eurem erlauchten Geiste, Mademoiselle: prüft man diese Märchen sorgfältig, dann wird man sehen, daß ich nicht so tadelnswert bin, wie es zuerst den Anschein hatte. Sie bergen alle eine sehr nützliche Moral, die sich, je nach dem Grad des Scharfsinns ihrer Leser, mehr oder weniger enthüllt. Zudem kennzeichnet nichts so sehr die Weite eines Geistes, wie das Vermögen, sich zu den größten Dingen erheben zu können und sich gleichzeitig zu den kleinsten herabzulassen. Man wird darum nicht überrascht sein, wenn dieselbe Prinzessin, die durch Natur und Erziehung mit dem Erhabensten vertraut ist, es nicht verschmäht, sich an scheinbaren Kleinigkeiten zu erfreuen. Tatsächlich geben diese Märchen ein Bild vom Leben der einfachsten Familien. Dort läßt der löbliche Eifer, die Kinder zu erziehen, Geschichten entstehen, die ohne logische Vernunft sind, weil man sich den Kindern anpaßt, die solche Vernunft noch nicht besitzen. Wem aber steht es besser an, zu wissen wie das Volk lebt, als denjenigen, die vom Himmel ausersehen sind, es zu führen? Das Verlangen nach solchem Wissen hat Helden, ja selbst Helden aus Eurem Geschlecht, bis in die Hütten und Katen getrieben, weil sie selbst aus der Nähe sehen wollten, was dort Eigentümliches geschah; diese Kenntnis schien ihnen zu ihrer vollständigen Unterrichtung notwendig. Wie dem auch sei, Mademoiselle,

Könnte ich besser wählen, um glaubhaft zu machen,
was ein Märchen Unglaubliches birgt?
Hat je eine Fee in vergangener Zeit
einem jungen Geschöpf mehr Gaben verliehen, erlesene Gaben,
als die Natur sie Euch verliehen hat?

Ich bin mit allerhöchster Ehrerbietung,

Mademoiselle,

Eurer Königlichen Hoheit sehr ergebener und gehorsamer Diener:

P. DARMANCOURT

THEATRE
G. Doré
PANNEMAKER. SC.

DIE SCHLAFENDE SCHÖNE IM WALDE

Es waren einmal ein König und eine Königin, die waren sehr betrübt, daß sie keine Kinder hatten, so betrübt, daß man es gar nicht sagen kann. Sie reisten in alle Bäder der Welt, legten Gelübde ab, beteten, unternahmen Wallfahrten, aber nichts wollte helfen.

Endlich jedoch wurde die Königin schwanger und gebar eine Tochter. Es wurde eine schöne Taufe gefeiert. Alle Feen, die man im Lande finden konnte – sieben wurden ausfindig gemacht – hatte man der kleinen Prinzessin zu Patinnen gegeben, damit jede von ihnen ihr eine Gabe verleihe, wie es damals bei den Feen Brauch war. Auf diese Weise sollte der Prinzessin alle nur erdenkliche Vollkommenheit geschenkt werden.

Nach der feierlichen Taufe kehrte die ganze Gesellschaft zurück in das Königsschloß, wo ein großes Festmahl für die Feen gegeben wurde. Man hatte für jede ein wunderschönes Gedeck aufgelegt, mit einem Besteck aus reinem Gold: goldene Löffel, goldene Gabeln und goldene Messer, mit Diamanten und Rubinen verziert.

Als aber jeder an der Tafel seinen Platz eingenommen hatte, trat eine alte Fee herein, die man gar nicht eingeladen hatte, weil sie seit über fünfzig Jahren ihren Turm nicht mehr verlassen hatte, so daß man glaubte, sie sei tot oder verzaubert. Der König ließ ein Gedeck für sie auflegen, aber es war nicht möglich, ihr ein Besteck aus reinem Gold zu geben wie den andern, denn davon hatte man ja nur sieben anfertigen lassen für die sieben Feen. Die Alte fühlte sich mißachtet und stieß heimliche Verwünschungen zwischen den Zähnen hervor. Das hörte eine der jungen Feen, die neben ihr saß; und weil sie fürchtete, die Alte könnte der kleinen Prinzessin eine unheilbringende Gabe bescheren, verbarg sie sich, sowie die Tafel aufgehoben war, hinter einem Wandteppich. Sie wollte ihre Wünsche als letzte aussprechen, um soviel wie möglich abzuwenden von dem Unheil, das die Alte anrichten würde.

Inzwischen begannen die Feen, der Prinzessin ihre Gaben zu bescheren. Die jüngste verlieh ihr die Gabe, die Schönste auf Erden zu sein, die zweite verlieh ihr ein Engelsgemüt, die dritte bewundernswürdige Anmut, die vierte die Kunst, ganz herrlich zu tanzen, die fünfte die Kunst, wie eine Nachtigall zu singen, die sechste die Kunst, auf allen Instrumenten zu musizieren. Nun war die alte

Fee an der Reihe. Mit dem Kopfe wackelnd, mehr aus Ärger und Verdruß als wegen des hohen Alters, sagte sie, die Prinzessin sollte sich mit einer Spindel in die Hand stechen und daran sterben. Dieser schreckliche Wunsch ließ die ganze Gesellschaft erschauern, und keiner war unter ihnen, der nicht geweint hätte. In diesem Augenblick kam die junge Fee hinter dem Wandteppich hervor und sprach mit erhobener Stimme diese Worte: »König und Königin, beruhigt Euch. Eure Tochter wird nicht daran sterben. Allerdings habe ich nicht Macht genug, um den Wunsch der Alten ganz zu entkräften. Die Prinzessin wird sich mit einer Spindel in die Hand stechen, aber sie wird nicht daran sterben, sondern nur in einen tiefen Schlaf fallen, der hundert Jahre dauern wird. Nach dieser Zeit wird ein Königssohn kommen und sie aufwecken.« Der König wollte das Unheil verhüten, das die Alte verheißen hatte. Er ließ sofort ein Gesetz verkünden, das jedermann bei Todesstrafe verbot, mit einer Spindel zu spinnen oder auch nur eine Spindel im Haus zu haben.

Fünfzehn oder sechzehn Jahre waren seitdem vergangen, als der König und die Königin sich mit der Prinzessin auf eines ihrer Lustschlösser begaben. Da geschah es, daß die junge Prinzessin, als sie eines Tages durch das Schloß lief und von Zimmer zu Zimmer stieg, bis zu einer kleinen Dachkammer in einem Turm gelangte, wo eine freundliche Alte allein an ihrem Spinnrocken saß. Diese gute Frau hatte bestimmt nichts gehört von dem Verbot des Königs.

»Was macht Ihr da, gute Frau?« sagte die Prinzessin. »Ich spinne, mein schönes Kind«, erwiderte die Alte, der die Prinzessin unbekannt war. »Ach, wie hübsch!« rief die Prinzessin aus, »wie macht Ihr das? Gebt mir die Spindel, damit ich sehe, ob ich es ebensogut kann.« Kaum hatte sie die Spindel genommen, übereifrig und ein wenig hastig, da stach sie sich – wie es ihr von der alten Fee bestimmt war – in die Hand und sank ohnmächtig zu Boden.

Die freundliche Alte war ganz bestürzt und rief um Hilfe. Von allen Seiten kam man herbei. Man besprengte der Prinzessin das Gesicht mit Wasser, schnürte ihr das Mieder auf, klopfte ihr auf die Hände, rieb ihr die Schläfen mit Rosmarin-Essenzen, aber nichts konnte sie aus ihrer Ohnmacht wecken. Da erinnerte sich der König, der dem Lärm nachgestiegen war, an die Voraussage der Feen; und da er bedachte, daß diese Voraussage sich erfüllen mußte, ließ er die Prinzessin in das schönste Gemach des Schlosses bringen und auf ein Bett legen, das mit Gold und Silber verziert war. Man hätte sie für einen Engel halten können, so schön war sie. Die Ohnmacht hatte nicht die lieblichen Farben von ihrem Antlitz genommen, ihre Wangen waren rosenrot und ihre Lippen wie Korallen, nur die Augen waren geschlossen, aber man hörte ihre sanften Atemzüge, die erkennen ließen, daß sie nicht tot war.

G. Doré

Der König ordnete an, man solle sie in Ruhe schlafen lassen, bis die Stunde ihres Erwachens gekommen sei. Die gute Fee, die ihr das Leben gerettet hatte, indem sie den hundertjährigen Schlaf über sie verhängte, weilte gerade in dem Königreich Mataquinien, zwölftausend Meilen entfernt, als der Prinzessin das Unglück zustieß; aber sie wurde augenblicklich davon unterrichtet durch einen Zwerg, der Siebenmeilenstiefel besaß. (Das waren Stiefel, in denen man mit einem einzigen Schritt sieben Meilen zurücklegen konnte.) Die Fee brach sogleich auf, und man sah sie nach einer Stunde in einem feurigen Wagen ankommen, der von Drachen gezogen wurde. Der König schritt ihr entgegen und reichte ihr die Hand, als sie aus dem Wagen stieg. Sie billigte alles, was er angeordnet hatte, aber da sie außerordentlich vorausschauend war, dachte sie daran, daß die Prinzessin beim Erwachen sehr verwirrt sein würde, so ganz allein in diesem alten Schloß. Darum tat sie folgendes: Sie berührte mit ihrem Zauberstab alles, was sich in diesem Schloß befand (außer dem König und der Königin), Gouvernanten, Hofdamen, Kammerfrauen, Edelleute, Leibdiener, Haushofmeister, Köche, Küchenjungen und Gehilfen, Wachen, Türhüter, Pagen, Lakaien; sie berührte auch alle Pferde in den Ställen und die Reitknechte, die großen Hofhunde und die kleine Pouffe, das Schoßhündchen der Prinzessin, das neben ihr auf dem Bett lag. Jeder, den sie berührt hatte, schlief sofort ein, um erst zur selben Zeit mit der Herrin zu erwachen, damit er gleich bereit sei, sie zu bedienen, wenn sie etwas nötig habe. Selbst die Bratspieße voller Rebhühner und Fasanen schliefen über dem Feuer ein und das Feuer ebenfalls. Das alles geschah innerhalb eines Augenblicks; Feen brauchen nicht lange für ihr Werk.

Nachdem der König und die Königin ihr geliebtes Kind geküßt hatten, ohne daß es erwachte, verließen sie das Schloß und gaben öffentlich bekannt, daß es jedermann verboten sei, sich dem Schloß zu nähern. Dieses Verbot wäre nicht nötig gewesen, denn in einer Viertelstunde wuchsen rund um den Park so viele große und kleine Bäume, die mit Brombeersträuchern und Dornengestrüpp miteinander verflochten waren, daß weder Mensch noch Tier sie hätten durchdringen können. Man sah kaum noch die Spitzen der Schloßtürme, und diese auch nur ganz aus der Ferne. Niemand zweifelte daran, daß die Fee hier noch mit ihrer Zauberkraft gewirkt hätte, damit die Prinzessin während ihres Schlafes nichts zu befürchten habe von Neugierigen.

Als die hundert Jahre vergangen waren, ging der Sohn des Königs, der damals regierte, und der aus einem anderen Geschlecht stammte als die schlafende Prinzessin, in dieser Gegend auf die Jagd. Er fragte, was das für Türme seien, die dort aus dem großen, dichten Wald herausragten. Jeder antworte ihm, was er darüber hatte erzählen hören. Die einen sagten, es sei ein altes Schloß, in dem Geister umgingen, die anderen wollten wissen, daß alle Zauberer des Landes dort den Hexensabbat feier-

ten. Die Meinung der meisten war, daß dort ein Oger hause, der alle Kinder, die er fangen könne, dorthin schleppe, um sie in aller Ruhe zu verzehren. Eine Verfolgung sei nicht möglich, weil er allein das Dickicht durchdringen könne. Der Prinz wußte nicht, was er davon glauben sollte, als ein alter Bauer das Wort ergriff und zu ihm sagte: »Mein Prinz, vor mehr als fünfzig Jahren habe ich zu meinem Vater sagen hören, daß es in diesem Schloß eine Prinzessin gäbe, die schönste auf der Welt; sie müsse dort hundert Jahre schlafen und würde von einem Königssohn geweckt, dem sie zugedacht sei.«

Der junge Prinz war Feuer und Flamme, als er das hörte, und zweifelte keinen Augenblick daran, daß er es sei, der dieser wunderbaren Verzauberung ein Ende bereiten müsse. Von Liebe und Ruhmsucht getrieben, beschloß er, unverzüglich zu untersuchen, was es damit für eine Bewandtnis habe. Kaum hatte er sich dem Wald genähert, als alle die großen Bäume, die Brombeersträucher und das Dornengestrüpp von selbst auseinandergingen, um ihn durchzulassen. Er schritt auf das Schloß zu, das er am Ende einer großen Allee liegen sah, und trat ein; was ihn ein wenig überraschte, war, daß niemand von seinen Leuten ihm hatte folgen können, weil die Bäume sofort wieder zusammengegangen waren, nachdem er hindurchgeschritten war. Trotzdem setzte er seinen Weg fort, denn ein junger, verliebter Prinz ist immer mutig. Er trat in einen großen Vorhof, und was er dort sah, hätte jeden anderen vor Furcht erstarren lassen: es herrschte eine grauenvolle Stille, überall zeigte sich das Bild des Todes, ohne Leben schienen die Körper von Menschen und Tieren, die er auf dem Hof erblickte. Aber an der Säufernase und an dem hochroten Gesicht der Türhüter erkannte er, daß sie nur schliefen, und ihre Becher, in denen noch einige Tropfen Wein waren, zeigten deutlich, daß der Schlaf sie beim Trinken überrascht hatte.

Der Prinz ging über einen großen Hof, der mit Marmorplatten belegt war, stieg die Treppe hinauf und trat in die Wachstube. Die Wachen standen mit geschultertem Gewehr Spalier und schnarchten um die Wette. Der Prinz schritt von Zimmer zu Zimmer, überall schliefen Edelleute und Hofdamen, die einen im Stehen, die andern im Sitzen.

Schließlich betrat er ein Gemach, das war ganz aus Gold, und hier bot sich ihm der schönste Anblick seines Lebens: auf dem Bett, dessen Vorhänge geöffnet waren, lag eine Prinzessin, die fünfzehn oder sechzehn Jahre alt sein mochte. Ihre Schönheit strahlte etwas Göttliches aus. Zitternd und voller Bewunderung näherte er sich der Prinzessin und fiel vor ihr auf die Knie.

Der Bann des Zauberschlafes war gebrochen. Die Prinzessin erwachte. Sie betrachtete ihn zärtlicher, als es eigentlich bei einem ersten Blick erlaubt ist, und sagte: »Seid Ihr es, mein Prinz? Ihr habt lange

PISAN

auf Euch warten lassen.« Der Prinz, entzückt über ihre Worte und noch mehr über die Art, wie sie gesprochen wurden, wußte gar nicht, wie er ihr seine Freude und Ergebenheit zeigen sollte. Er beteuerte, daß er sie mehr liebe als sich selbst. Seine Worte waren verworren, und um so besser gefielen sie ihr: je geringer die Beredsamkeit, um so größer die Liebe. Er war noch verwirrter als sie, und das ist nicht verwunderlich: sie hatte lange genug Zeit gehabt, darüber nachzudenken, was sie zu ihm sagen wollte; denn allem Anschein nach (unsere Geschichte sagt zwar nichts davon) hatte die gute Fee ihr während des langen Schlafes das Vergnügen angenehmer Träume gewährt.
Schließlich unterhielten sie sich schon vier volle Stunden miteinander und hatten sich noch nicht die Hälfte von dem gesagt, was sie sich sagen wollten.
Mit der Prinzessin zugleich war auch das ganze Schloß erwacht, und jeder versah wieder seinen Dienst. Aber da sie nicht alle verliebt waren, starben sie beinah vor Hunger; die Ehrendame, die genau so hungrig war wie die andern alle, wurde ungeduldig und sagte ganz laut zu der Prinzessin, daß das Mahl aufgetragen sei. Der Prinz half der Prinzessin beim Aufstehen; sie war angekleidet mit einem prächtigen Gewand, und er hütete sich, ihr zu sagen, daß sie wie zu Großmutters Zeiten angezogen sei und sogar einen steifen, hohen Kragen trage; aber sie war deshalb nicht weniger schön. Sie schritten in einen Spiegelsaal, wo sie das Nachtmahl einnahmen, das die Kammerdiener auftrugen. Geigen und Oboen spielten alte Weisen, die wunderschön klangen, obwohl sie seit fast hundert Jahren nicht mehr gespielt wurden. Nach dem Mahl traute der Hofkaplan sie unverzüglich in der Schloßkapelle, und dann zog die Ehrendame den Vorhang vor. Sie schliefen wenig; die Prinzessin hatte ja lange genug geschlafen, und der Prinz verließ sie, als der Tag anbrach, um in die Stadt zurückzukehren, wo sein Vater sich wohl schon Sorgen machte seinetwegen.
Der Prinz erzählte ihm, er habe sich auf der Jagd im Wald verirrt und in einer Köhlerhütte geschlafen, wo der Köhler ihm Schwarzbrot und Käse gegeben habe. Der König, sein Vater, der ein gutmütiger Mensch war, glaubte ihm, aber seine Mutter war nicht ganz überzeugt von seinen Worten. Als sie merkte, daß er fast täglich auf die Jagd ging und immer eine Ausrede zur Entschuldigung bei der Hand hatte, wenn er zwei oder drei Nächte fortgeblieben war, zweifelte sie nicht länger daran, daß er eine Liebschaft hätte. Er lebte schon länger als zwei volle Jahre mit der Prinzessin zusammen, und sie hatten zwei Kinder. Das erste, eine Tochter, wurde Morgenrot genannt und das zweite, ein Sohn, hieß der Tag, weil er seine Schwester noch an Schönheit übertraf.
Um ihm sein Geheimnis zu entlocken, sagte die Königin des öfteren zu ihrem Sohn, man müsse im Leben doch einmal die Wahl treffen. Aber niemals wagte er, ihr sein Geheimnis anzuvertrauen.

Bei aller Liebe fürchtete er sie, denn sie entstammte dem Geschlecht der Oger, und der König hatte sie nur ihres großen Reichtums wegen geheiratet; man flüsterte sogar bei Hof, daß sie einen Hang zur Menschenfresserei habe, und wenn sie an kleinen Kindern vorbeikäme, könne sie sich nur mit allergrößter Mühe davon zurückhalten, sich auf sie zu stürzen. Deshalb wollte der Prinz ihr nie etwas erzählen.

Als abermals zwei Jahre ins Land gegangen waren, starb der König, und der Prinz bestieg den Thron. Da tat er in aller Öffentlichkeit seine Hochzeit kund und führte mit großem, feierlichem Gepränge seine Frau, die junge Königin, in sein Schloß. Man bereitete ihr in der Hauptstadt einen prunkvollen Empfang, als sie einzog, die Kinder an ihrer Seite.

Einige Zeit später zog der König in den Krieg gegen seinen Nachbarn, den Kaiser Cantalabutte. Die Regierung des Königreiches übergab er der Königinmutter und legte ihr seine Frau und seine Kinder besonders ans Herz. Den ganzen Sommer über mußte er Krieg führen. Sowie er ins Feld gezogen war, schickte die Königinmutter ihre Schwiegertochter mit den Kindern auf einen Landsitz im Walde, um ungestörter ihre schrecklichen Gelüste stillen zu können.

Einige Tage später begab sie sich auch dorthin und sagte eines Abends zu ihrem Küchenmeister: »Ich will morgen zum Mittagessen die kleine Morgenrot verspeisen.« »Oh, Majestät!« sagte der Küchenmeister ... »Ich will es«, befahl die Königin (und sie sagte es im Ton einer Ogerin, die Appetit auf frisches Fleisch hat), »ich will sie in 'Sauce Robert' verzehren.« Als der arme Mann einsah, daß eine Ogerin nicht mit sich spaßen ließ, nahm er sein großes Messer und stieg in das Zimmer der kleinen Morgenrot hinauf. Sie war damals vier Jahre alt und sprang ihm entgegen; sie warf sich ihm lachend an den Hals und bat um einen Bonbon. Da begann er zu weinen, das Messer fiel ihm aus der Hand, und er ging in den Wirtschaftshof und schlachtete ein Lämmchen. Dazu bereitete er eine so wohlschmeckende Soße, daß seine Herrin ihm versicherte, sie habe noch nie etwas so Gutes gegessen. Die kleine Morgenrot hatte er inzwischen zu seiner Frau gebracht, die sie in ihrer Wohnung hinten auf dem Hof versteckte.

Acht Tage später sagte die abscheuliche Königin zu ihrem Küchenmeister: »Ich will zum Nachtessen den kleinen Tag verspeisen.« Er antwortete nicht und war entschlossen, sie wieder zu täuschen. Er suchte den kleinen Tag und fand ihn mit einem Degen in der Hand mit einem plumpen Burschen fechten; dabei war er noch keine drei Jahre alt. Er brachte ihn zu seiner Frau, die ihn mit der kleinen Morgenrot zusammen versteckte. Statt des kleinen Tag bereitete er ein ganz zartes Zicklein zu, das die Ogerin außerordentlich schmackhaft fand.

Bis dahin war alles gutgegangen, aber eines Abends sagte diese abscheuliche Königin zu dem Küchenmeister: »Ich will die junge Königin essen in derselben Soße wie ihre Kinder.» Da gab der arme Küchenmeister die Hoffnung auf, daß er sie noch einmal täuschen könnte. Die junge Königin war jetzt über zwanzig Jahre alt – die hundert Jahre, die sie geschlafen hatte, nicht gerechnet –, ihre Haut war ein wenig zäh, obwohl sie schön und weiß aussah. Wie sollte er ein Tier finden mit einer ähnlich zähen Haut? Um sein Leben zu retten, beschloß er, der jungen Königin die Kehle durchzuschneiden, und stieg in ihr Zimmer hinauf in der Absicht, es kurz zu machen. Er steigerte sich in Wut und trat mit dem Dolch in der Hand bei der jungen Königin ein. Er wollte aber nicht gleich über sie herfallen und teilte ihr erst in allem Respekt den Auftrag mit, den er von der Königinmutter erhalten hatte. »Tut Eure Pflicht«, sagte sie und streckte ihm ihren Hals hin, »führt den Auftrag aus, den man Euch gegeben hat; ich werde meine Kinder wiedersehen, meine armen Kinder, die ich so geliebt habe.« Sie glaubte nämlich, ihre Kinder seien nicht mehr am Leben, seit man sie fortgeschafft hatte, ohne ihr etwas zu sagen. »Nein, nein, meine Königin«, erwiderte der arme Küchenmeister ganz gerührt, »Ihr sollt nicht sterben, und trotzdem werdet Ihr Eure geliebten Kinder wiedersehen, aber bei mir zu Haus, wo ich sie versteckt halte. Ich werde die Königinmutter noch einmal täuschen und ihr an Eurer Statt eine junge Hirschkuh zu essen geben.« Er führte sie gleich in seine Wohnung, wo sie unter Tränen ihre Kinder umarmte, während er eine Hirschkuh zubereitete. Die Königinmutter verzehrte sie zum Nachtmahl mit dem gleichen Appetit, als wenn es die junge Königin gewesen wäre. Sie war sehr zufrieden mit ihrer Grausamkeit und legte sich schon zurecht, was sie dem König bei seiner Rückkehr sagen wollte: die wilden Wölfe hätten seine Frau und seine beiden Kinder gefressen.

Eines Abends, als sie wie gewöhnlich die Höfe und Wirtschaftshöfe des Schlosses durchstreifte, um dort frisches Fleisch aufzuspüren, hörte sie in einem Zimmer zu ebener Erde den kleinen Tag weinen. Seine Mutter wollte ihn mit der Rute strafen, weil er ungezogen gewesen war. Und sie hörte auch die kleine Morgenrot, die um Gnade flehte für ihren Bruder. Die Ogerin erkannte die Stimmen der jungen Königin und ihrer Kinder, und, wütend, daß sie getäuscht worden war, befahl sie gleich am nächsten Morgen mit grauenerregender Stimme, die jedermann erzittern ließ, man solle mitten auf dem Hof einen großen Bottich aufstellen. Diesen Bottich ließ sie füllen mit Kröten, mit Vipern, mit Nattern und mit Schlangen, um die Königin und ihre Kinder, den Küchenmeister und seine Frau und die Dienerin dort hineinwerfen zu lassen. Sie hatte befohlen, sie alle herbeizubringen, die Hände auf dem Rücken gefesselt.

Nun standen sie da, und die Henker schickten sich gerade an, sie in den Bottich zu werfen, als der

König, den man nicht so früh erwartet hatte, nach einem scharfen Ritt zum Hoftor hereinsprengte. Ganz erstaunt fragte er, was dies schreckliche Schauspiel zu bedeuten habe. Niemand wagte, ihm Auskunft zu geben. Wutentbrannt über das, was sie sah, stürzte sich die Ogerin selbst kopfüber in den Bottich. Sie wurde augenblicklich von den garstigen Tieren, die sie dort hatte hineinfüllen lassen, verschlungen. Der König war trotz allem traurig darüber, denn schließlich war sie seine Mutter; aber er tröstete sich bald mit seiner schönen Frau und seinen Kindern.

Moral

Zu warten eine Weile auf den Mann,
der reich ist, schön, galant und sanft,
ist wohl natürlich auf der Welt;
doch hundert Jahre schlafend auszuharren!
Man findet keine Mädchen mehr,
die so in Ruhe schlafen können!
Dies Märchen scheint uns zu erklären:
Oft machen Hymens angenehme Bande
nicht minder glücklich, sind sie nicht so schnell geknüpft;
denn man verliert durch Warten nichts.
Doch dies Geschlecht mit so viel Feuer
verlangt gar sehr nach ehelichem Bund,
und ich hab' nicht die Kraft und nicht das Herz,
zu pred'gen ihm Moral.

DAS ROTKÄPPCHEN

Es war einmal ein kleines Bauernmädchen, das hübscheste weit und breit. Seine Mutter war ganz vernarrt in das Kind und seine Großmutter noch viel mehr. Die gute alte Frau ließ ihm eine kleine rote Kappe machen, die ihm prächtig stand. Darum wurde es überall Rotkäppchen genannt.

Eines Tages, als die Mutter gerade Brot und kleine Kuchen gebacken hatte, sagte sie zu Rotkäppchen: »Besuche die Großmutter und sieh nach, wie es ihr geht, denn man hat mir erzählt, daß sie krank ist. Bringe ihr einen Kuchen und dies Töpfchen mit Butter.« Rotkäppchen machte sich gleich auf den Weg in das nächste Dorf, wo die Großmutter wohnte. Als es durch den Wald kam, begegnete ihm Gevatter Wolf, der große Lust hatte, es aufzufressen; aber er wagte es nicht, weil Holzfäller in der Nähe waren. Er fragte Rotkäppchen, wohin es gehe. Das arme Kind wußte nicht, wie gefährlich es ist, stehenzubleiben und einen Wolf anzuhören. Es antwortete: »Ich will meine Großmutter besuchen und ihr den Kuchen bringen und das Töpfchen mit Butter, die meine Mutter ihr schickt.« »Wohnt sie weit von hier?« fragte der Wolf. »O ja«, sagte Rotkäppchen, »dort ganz unten an der Mühle vorbei, in dem ersten Haus des Dorfes.«

»Ich will sie auch besuchen«, sprach der Wolf. »Ich gehe diesen Weg hier entlang und du den anderen dort, und wir wollen sehen, wer zuerst bei ihr ist.«

Der Wolf hatte für sich den kürzeren Weg gewählt und rannte davon, so schnell er konnte. Rotkäppchen ging den längeren Weg; vergnügt sammelte es Haselnüsse auf, lief Schmetterlingen nach und band Blumen, die es fand, zu einem Strauß zusammen.

Nicht lange, so kam der Wolf bei dem Haus der Großmutter an; er klopfte: tok - tok! »Wer ist da?« »Ich bin's, Rotkäppchen«, erwiderte der Wolf mit verstellter Stimme, »ich bringe Euch Kuchen und ein Töpfchen Butter, die meine Mutter Euch schickt.« Die gute Großmutter, die im Bett lag, weil sie ein bißchen krank war, rief ihm zu: »Zieh das Pflöckchen, dann fällt das Stöckchen, und die Tür springt auf!«

Der Wolf zog das Pflöckchen, und die Tür sprang auf. Er stürzte sich auf die gute Frau und verschlang sie in Blitzesschnelle, denn er hatte seit mehr als drei Tagen nicht einen Bissen gefressen. Dann

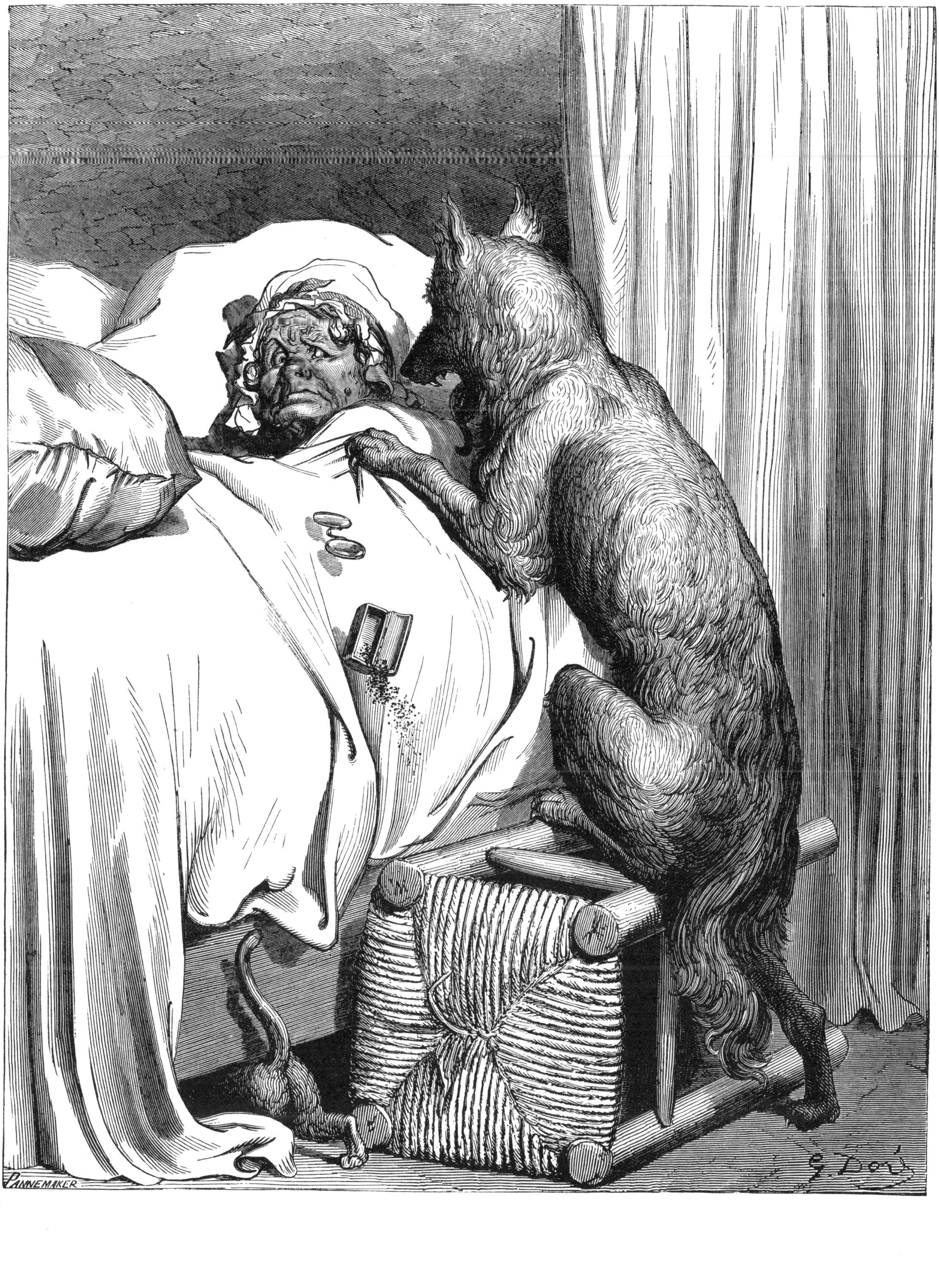
PANNEMAKER
G. Doré

schloß er die Tür, legte sich in das Bett der Großmutter und wartete auf Rotkäppchen, das wenig später kam und an die Tür klopfte: tok - tok! »Wer ist da?« Als Rotkäppchen die laute Stimme des Wolfs hörte, erschrak es zuerst; aber dann glaubte es, die Großmutter hätte sich erkältet, und antwortete: »Ich bin's, Rotkäppchen, ich bringe Euch Kuchen und ein Töpfchen Butter, die meine Mutter Euch schickt.« Der Wolf rief so sanft er konnte: »Zieh das Pflöckchen, dann fällt das Stöckchen, und die Tür springt auf.« Rotkäppchen zog das Pflöckchen, und die Tür sprang auf. Als der Wolf es hereinkommen sah, versteckte er sich unter der Bettdecke. »Stell den Kuchen und die Butter auf den Brotkasten, und komm und leg dich neben mich!«

Rotkäppchen zog seine Kleider aus und legte sich ins Bett. Es staunte, wie seine Großmutter ohne Kleider aussah. »Großmutter, was habt Ihr für große Arme?« »Damit ich dich besser umarmen kann, mein Kind.« »Großmutter, was habt Ihr für große Beine?« »Damit ich schneller laufen kann, mein Kind.« »Großmutter, was habt Ihr für große Ohren?« »Damit ich besser hören kann, mein Kind.« »Großmutter, was habt Ihr für große Augen?« »Damit ich besser sehen kann, mein Kind.« »Großmutter, was habt Ihr für große Zähne?« »Damit ich dich fressen kann.» Und mit diesen Worten stürzte sich der böse Wolf auf Rotkäppchen und fraß es auf.

Moral

Man sieht hier, daß die jungen Leute
und im besonderen die kleinen Mädchen
— so hübsch gewachsen, schön und lieb —,
sehr schlecht dran tun, wenn sie auf jeden hören:
nicht selten ist's der Wolf, der sie dann frißt.
Ich sage »Wolf«; jedoch nicht alle Wölfe sind sich gleich.
Es gibt die von gewandtem Wesen,
die sind nicht laut, nicht rauh und wütend;
sie tun sehr zahm, gefällig und so sanft
und folgen dann den kleinen Fräulein
bis in die Häuser, in die Kammern nach.
Und ach, wer weiß nicht, daß grad diese Schmeichler
von allen Wölfen doch die schlimmsten sind.

DER BLAUBART

Es war einmal ein Mann, der besaß schöne Häuser in Stadt und Land, goldenes und silbernes Tafelgeschirr, Möbel und Stickereien und vergoldete Kutschen. Aber unglücklicherweise hatte dieser Mann einen blauen Bart. Das machte ihn so häßlich und abschreckend, daß es keine Frau und kein Mädchen gab, die nicht vor ihm geflohen wäre.

Eine seiner Nachbarinnen, eine Dame aus vornehmem Stande, hatte zwei wunderschöne Töchter. Der Blaubart erbat sich eine von ihnen zur Frau und überließ es der Mutter, welche von beiden sie ihm geben würde. Beide aber wollten ihn nicht, und eine schob ihn der anderen zu, weil keine sich entschließen konnte, einen Mann mit einem blauen Bart zu heiraten. Außerdem schreckte es sie ab, daß er schon mehrere Frauen geheiratet hatte, und daß niemand wußte, was aus diesen Frauen geworden war.

Um sie näher kennenzulernen, lud der Blaubart die Schwestern ein, mit ihrer Mutter, mit drei oder vier ihrer besten Feundinnen und einigen jungen Leuten aus der Nachbarschaft in eines seiner Landhäuser zu kommen. Volle acht Tage verbrachten sie dort mit Spaziergängen, mit Jagd und Fischfang, mit Tanz und Festmahl, wobei Titel und Würden verliehen wurden. Sie kamen überhaupt nicht zum Schlafen, sondern verbrachten die Nächte mit Scherz und Spiel. Zuguterletzt war es so weit, daß die Jüngste den Bart des Hausherrn schon nicht mehr so blau fand und ihn selbst aller Ehren wert. Sobald sie in die Stadt zurückgekehrt waren, wurde die Hochzeit gefeiert.

Nachdem ein Monat vergangen war, sagte der Blaubart zu seiner Frau, er müsse in einer wichtigen Angelegenheit für mindestens sechs Wochen in die Provinz reisen, und sie möge sich in seiner Abwesenheit gut unterhalten; sie könne sich ihre Freundinnen einladen und mit ihnen aufs Land fahren, wenn sie Lust hätte, und sie solle das beste aus Küche und Keller auftischen lassen. »Hier sind die Schlüssel«, sagte er dann, »diese sind für die beiden großen Möbelkammern, diese sind für das goldene und das silberne Tafelgeschirr, das nicht alle Tage benutzt wird, diese für die eisernen Truhen, in denen mein Gold und mein Silber aufbewahrt ist, diese für die Kassetten mit meinen Edelsteinen, und dies ist der Hauptschlüssel für alle Gemächer. Und dieser kleine Schlüssel hier, das ist der Schlüs-

sel zu dem kleinen Gemach am Ende des langen Ganges im Erdgeschoß. Ihr dürft alles öffnen und überall hineingehen, nur nicht in dies kleine Gemach. Ich verbiete Euch, es zu betreten, ich verbiete es Euch mit aller Strenge. Solltet Ihr es dennoch tun, würde Euch mein fürchterlichster Zorn treffen.«
Sie versprach, alles, was er ihr befohlen habe, genau zu befolgen. Er umarmte sie, stieg in seine Kutsche und trat seine Reise an.

Die Nachbarinnen und die guten Freundinnen warteten nicht, bis sie eingeladen wurden, die Jungvermählte zu besuchen, denn sie brannten vor Neugier, allen Reichtum des Hauses zu sehen. Solange der Gemahl da war, hatten sie nicht zu kommen gewagt, weil sie sich fürchteten vor seinem blauen Bart. Jetzt aber liefen sie durch die Gemächer, durch Kammern und Kleiderzimmer, von denen die einen immer schöner und prächtiger waren als die anderen. Dann stiegen sie hinauf zu den Möbelkammern, wo des Staunens kein Ende war über die vielen herrlichen Teppiche, die Betten, die Sofas, die Schränke mit den Geheimfächern, die Tische und die Spiegel, in denen man sich von Kopf bis Fuß sehen konnte, mit Rahmen aus Glas, aus Silber und aus vergoldetem Silber, die schönsten und prächtigsten, die man je gesehen hatte. Sie konnten sich nicht genugtun, überschwenglich das Glück ihrer Freundin zu preisen und zu neiden. Die junge Frau jedoch hatte keine rechte Freude beim Anblick all dieser Schätze vor lauter Ungeduld, das kleine Gemach im Erdgeschoß zu öffnen.

Sie war so getrieben von ihrer Neugier, daß sie nicht daran dachte, wie unhöflich es sei, ihre Gäste allein zu lassen; über eine kleine Geheimtreppe eilte sie hinab mit so großer Hast, daß sie sich zwei- oder dreimal fast den Hals gebrochen hätte. Als sie vor der Tür des kleinen Gemaches angelangt war, hielt sie erst einen Augenblick inne und dachte an das Verbot ihres Gemahls und überlegte, daß ihr Ungehorsam sie unglücklich machen könnte. Aber die Versuchung war so groß, daß sie ihr erlag. Also nahm sie den Schlüssel und öffnete zitternd die Tür zu dem Gemach.

Zuerst sah sie nichts, weil die Fensterläden geschlossen waren; nach einigen Augenblicken konnte sie erkennen, daß der Fußboden mit geronnenem Blut befleckt war. Und in diesem Blut spiegelten sich die Leiber mehrerer toter Frauen, die rings an den Wänden festgebunden waren. (Es waren alle Frauen, die der Blaubart geheiratet und eine nach der anderen umgebracht hatte.) Die junge Frau glaubte, vor Furcht zu sterben, und der Schlüssel, den sie aus dem Schloß gezogen hatte, fiel ihr aus der Hand. Nachdem sie ein wenig zur Besinnung gekommen war, hob sie den Schlüssel auf, schloß die Tür wieder ab und stieg in ihr Zimmer hinauf, um sich zu fassen, aber es gelang ihr nicht, zu groß war ihre Erregung. Als sie bemerkte, daß der Schlüssel mit Blut befleckt war, wischte sie ihn zwei- oder dreimal ab, aber das Blut ließ sich nicht beseitigen. Sie mochte ihn noch so oft abwaschen,

PISAN

sie mochte ihn sogar mit Sand und Sandstein scheuern, immer blieb er blutig, denn der Schlüssel war verzaubert, und es gab kein Mittel, ihn völlig zu reinigen: hatte man das Blut auf der einen Seite entfernt, so kam es auf der anderen wieder hervor.

Noch am selben Abend kehrte der Blaubart von seiner Reise zurück. Er sagte, er habe unterwegs Briefe empfangen mit der Nachricht, daß die Angelegenheit, derentwegen er zur Reise aufgebrochen war, sich bereits zu seinen Gunsten entschieden habe. Seine Frau tat, was sie konnte, um ihm zu bezeugen, wie entzückt sie sei über seine schnelle Rückkehr. Am nächsten Tag verlangte er die Schlüssel zurück. Sie gab sie ihm so zitternd, daß er ohne Mühe erriet, was vorgefallen war. »Wie kommt es«, sagte er, »daß der Schlüssel für das kleine Gemach nicht dabei ist?« »Ich muß ihn oben auf meinem Tisch gelassen haben«, antwortete sie. »Vergeßt nicht, ihn mir nachher zu geben«, sprach der Blaubart. Sie zögerte es solange wie möglich hinaus, aber schließlich mußte sie ihm den Schlüssel bringen. Als der Blaubart ihn betrachtet hatte, sagte er zu seiner Frau: »Warum ist Blut an diesem Schlüssel?« »Das weiß ich nicht«, erwiderte die arme Frau, bleicher als der Tod. »Das wißt Ihr nicht?« rief der Blaubart »aber ich, ich weiß es! Ihr wolltet in das kleine Gemach! Nun, meine Liebe, Ihr sollt hineinkommen und Euren Platz haben neben den Damen, die Ihr dort gesehen habt.« Sie warf sich weinend ihrem Gemahl zu Füßen und flehte um Gnade und zeigte wahre Reue, daß sie so ungehorsam gewesen war. Sie hätte einen Felsen erweicht, so schön und so verzweifelt wie sie war. Aber des Blaubarts Herz war härter als ein Felsen. »Ihr müßt sterben, meine Liebe, und zwar sofort!« »Wenn ich denn sterben muß«, antwortete sie und sah ihn tränenüberströmt an, »so gebt mir noch ein wenig Zeit, um zu Gott zu beten.« »Ich gebe Euch eine halbe Viertelstunde«, erwiderte der Blaubart, »aber nicht einen Augenblick mehr.«

Als sie oben in ihrem Zimmer allein war, rief sie ihre Schwester und sagte: »Meine liebe Anne«, (denn so hieß die Schwester) »bitte steige auf den Turm, um zu schauen, ob unsere Brüder nicht kommen; sie haben mir versprochen, mich heute zu besuchen. Wenn du sie siehst, gib ihnen Zeichen, daß sie sich beeilen.«

Die Schwester stieg auf den Turm hinauf, und die arme Verzweifelte rief ihr von Zeit zu Zeit zu: »Anne, meine Schwester Anne, siehst du nichts kommen?« Und die Schwester antwortete ihr: »Ich sehe nur die Sonne, die scheint, und das Gras, das grünt.« Indessen rief der Blaubart, einen großen Hirschfänger in der Hand, aus Leibeskräften nach seiner Frau: »Komm sofort herunter, oder ich komme hinauf!« »Noch einen Augenblick, bitte,« bat seine Frau und rief leise: »Anne, meine Schwester Anne, siehst du nichts kommen?« Und die Schwester antwortete: »Ich sehe nur die Sonne, die

scheint, und das Gras, das grünt.« »Komm jetzt sofort herunter«, schrie der Blaubart, »oder ich komme hinauf!« »Ich komme schon«, erwiderte seine Frau, und dann rief sie: »Anne, meine Schwester Anne, siehst du nichts kommen?« »Ich sehe eine große Staubwolke auf uns zukommen«, erwiderte die Schwester. »Sind es die Brüder?« »Ach nein, liebe Schwester, es ist eine Schafherde.« »Willst du endlich herunterkommen?« brüllte der Blaubart. »Einen Augenblick noch«, erwiderte seine Frau, und dann rief sie: »Anne, meine Schwester Anne, siehst du nichts kommen?« »Ich sehe zwei Reiter auf uns zukommen«, antwortete die Schwester, »aber sie sind noch sehr weit!« Und gleich darauf: »Gott sei Lob und Dank! Es sind die Brüder! Ich gebe ihnen Zeichen, so gut ich kann, damit sie sich beeilen.«

Da schrie der Blaubart so laut, daß das ganze Haus erzitterte. Die arme Frau stieg hinab und warf sich ihm zu Füßen, in Tränen aufgelöst und mit zerrauftem Haar. »Das nützt Euch alles nichts«, sagte der Blaubart, »Ihr müßt sterben.« Er packte sie mit einer Hand bei den Haaren, mit der anderen erhob er den Hirschfänger, um ihr den Kopf abzuschlagen. Die arme Frau blickte ihn an, Todesangst in den Augen, und bat ihn, ihr einen letzten Augenblick zu gewähren, damit sie sich sammeln könne. »Nein, nein«, sagte er, »befiehl deine Seele Gott.« Und er holte aus mit dem Arm ... In diesem Augenblick wurde so laut an die Tür geklopft, daß der Blaubart kurz innehielt. Man öffnete, und zwei Reiter stürzten mit dem Degen in der Hand geradenwegs auf den Blaubart zu. Er erkannte die Brüder seiner Frau, den Dragoner und den Musketier, und ergriff sofort die Flucht, um sich zu retten. Aber die Brüder blieben ihm auf den Fersen und stellten ihn, bevor er die Freitreppe erreichen konnte. Sie durchbohrten ihn mit ihren Degen und ließen ihn tot liegen.

Die arme Frau war fast so tot wie ihr Mann. Sie hatte nicht mehr die Kraft, sich aufzurichten, um ihre Brüder zu umarmen.

Es stellte sich heraus, daß der Blaubart keine Erben hatte, und so fiel sein ganzer Reichtum seiner Frau zu. Einen Teil davon verwendete sie dazu, ihre Schwester Anne mit einem jungen Edelmann zu vermählen, den sie seit langem liebte, von einem anderen Teil erwarb sie für ihre beiden Brüder den Hauptmannsrang, und den Rest brachte sie selbst einem höchst ehrenwerten Mann mit in die Ehe, der sie die schlimme Zeit vergessen ließ, die sie mit dem Blaubart verbracht hatte.

Moral

Der Neugier, mag sie auch verlockend sein,
folgt oftmals schwere Reu;
ja, jeder Tag kann uns das tausendfach beweisen.
Wenn's auch den Damen nicht sehr freundlich klingt:
Die Neugier ist des Leichtsinns Freude,
wenn man ihr folgt, so hört die Lust schon auf,
und immer zahlt man viel zu teuer.

Weitere Moral

Wer nur ein wenig Einsicht hat,
im Zauberbuch der Welt zu lesen,
der sieht sogleich, daß die Geschichte
ein Märchen ist aus alter Zeit.
So schrecklich ist ein Gatte heut nicht mehr,
und er verlangt nicht, was unmöglich ist.
Und wenn er unzufrieden ist und eifersüchtig,
so schmeichelt er der Gattin um so mehr.
Wie auch die Farbe seines Bartes sei:
Wer Herr im Haus ist, kann man schwerlich sagen.

MEISTER KATER ODER DER GESTIEFELTE KATER

Ein Müller hinterließ seinen drei Kindern als einziges Gut seine Mühle, seinen Esel und seinen Kater. Das Erbe war bald aufgeteilt, Notar und Anwalt wurden nicht dazu gerufen. Ihre Kosten hätten das armselige Erbteil ganz verschlungen. Der Älteste bekam die Mühle, der Zweite den Esel und der Jüngste nur den Kater. Er war untröstlich über das kümmerliche Los, das ihm beschieden war. »Wenn meine Brüder sich zusammentun«, sagte er, »können sie sich redlich verdienen, was sie zum Leben brauchen. Ich aber werde Hungers sterben, wenn ich meinen Kater aufgegessen und mir einen Muff aus seinem Fell gemacht habe.« Der Kater, der diese Worte gehört hatte, ohne sich etwas anmerken zu lassen, sagte mit wichtiger, ernster Miene zu ihm: »Betrübt Euch nicht, mein Herr, gebt mir nur einen Sack, und laßt mir ein Paar Stiefel machen, um durch's Gestrüpp zu streifen, und Ihr werdet sehen, daß Euer Erbteil nicht so kümmerlich ist, wie Ihr glaubt.«

Zwar hielt sein Herr nicht viel von diesem Vorschlag, aber der Kater hatte ihm so oft seine Geschicklichkeit bewiesen, wenn es galt, Ratten und Mäuse zu fangen – er hatte sich zum Beispiel an den Pfoten aufgehängt oder sich im Mehl versteckt und totgestellt –, daß er nicht daran zweifelte, in seinem Elend eine Hilfe an ihm zu haben.

Also bekam der Kater, worum er gebeten hatte. Sehr geschickt zog er sich die Stiefel an, warf seinen Sack über den Rücken, hielt die Stricke mit den Vorderpfoten fest und zog in ein Gehege, wo es sehr viele Kaninchen gab. Er tat Kleie und Disteln in seinen Sack, streckte sich aus, als wäre er tot und wartete, daß irgendein junges Kaninchen, noch wenig vertraut mit den Ränken dieser Welt, in seinen Sack schlüpfen würde, um zu fressen, was er hineingetan hatte. Kaum hatte er sich hingelegt, da stellte sich der Erfolg schon ein: Ein junges, unbesonnenes Kaninchen schlüpfte in den Sack. Sofort zog Meister Kater die Schnüre zu, packte das Kaninchen und tötete es ohne Erbarmen. Ganz stolz über seine Beute zog er zum König und begehrte, ihn zu sprechen. Man ließ ihn zu den Gemächern Seiner Majestät hinaufsteigen. Er trat ein, machte eine tiefe Verbeugung vor dem König und sprach zu ihm: »Majestät, hier bringe ich Euch ein Kaninchen aus dem Gehege. Der Marquis von Carabas (diesen Namen hatte er sich für seinen Herrn ausgedacht) hat mir aufgetragen, es Euch in seinem

G. Doré
PANNEMAKER

Namen zu geben.« »Sage Deinem Herrn«, erwiderte der König, »daß ich ihm danke, und daß er mir Freude bereitet hat.«
Ein andermal versteckte der Kater sich in einem Getreidefeld, wo er seinen Sack weit offen auslegte. Als zwei Rebhühner hineingeschlüpft waren, zog er die Schnüre zu und hatte die beiden gefangen. Dann brachte er sie genau so wie das Kaninchen aus dem Gehege dem König als Geschenk. Mit großer Freude nahm der König die beiden Rebhühner entgegen und ließ ihm einen Trunk reichen.
Zwei oder drei Monate lang brachte der Kater von Zeit zu Zeit dem König Wildbret von der Jagd seines Herrn. Eines Tages hörte er, der König wolle am Fluß entlang eine Spazierfahrt machen mit seiner Tochter, der schönsten Prinzessin der Welt. Da sagte er zu seinem Herrn: »Wenn Ihr meinen Rat befolgen wollt, ist Euer Glück gemacht; Ihr braucht nur im Fluß zu baden an der Stelle, die ich Euch zeigen werde, und alles andere laßt mich nur machen.« Der Marquis von Carabas tat, was sein Kater ihm riet, ohne zu wissen, wozu es gut sei.
Während er badete, kam der König vorüber, und der Kater schrie aus Leibeskräften: »Zu Hilfe, zu Hilfe! Der Marquis von Carabas ertrinkt!« Diesen Hilferuf hörte der König, steckte den Kopf aus dem Kutschenschlag und erkannte den Kater, der ihm so oft Wildbret gebracht hatte. Da befahl er seinen Wachen, dem Marquis von Carabas zu Hilfe zu eilen.
Während man den armen Marquis aus dem Fluß zog, trat der Kater an die Kutsche heran und erzählte dem König, während sein Herr gebadet habe, seien Diebe gekommen und hätten seine Kleider gestohlen, obwohl er aus Leibeskräften geschrien hätte: »Diebe! Diebe!« In Wirklichkeit hatte der Kater, dieser Schlauberger, sie unter einem großen Stein versteckt. Sogleich befahl der König den Kammerdienern, eines seiner schönsten Gewänder zu holen für den Marquis von Carabas, und er bezeugte ihm mit tausend Freundlichkeiten seine Gunst. Das prächtige Gewand, das der König ihm schenkte, brachte die Erscheinung des Marquis noch mehr zur Geltung (schon von Natur aus war er schön und stattlich). Er gefiel der Königstochter sehr, und als er ihr nur zwei oder drei ehrerbietige und ein wenig zärtliche Blicke zugeworfen hatte, verliebte sie sich rettungslos in ihn. Der König lud ihn ein, in seine Kutsche zu steigen und ihn auf der Spazierfahrt zu begleiten.
Entzückt über das Gelingen seines Planes eilte der Kater voraus, und als er auf Bauern traf, die gerade eine Wiese mähten, rief er ihnen zu: »Liebe Leute, die Ihr da mäht, wenn Ihr dem König nicht sagt, daß diese Wiese dem Marquis von Carabas gehört, werdet Ihr alle kleingehackt wie Pastetenfleisch.« Und richtig, der König versäumte nicht, die Mäher zu fragen, wem diese Wiese gehöre. »Dem Marquis von Carabas«, antworteten sie wie aus einem Munde, denn die Drohung des Katers hatte

ihnen Furcht eingejagt. »Da habt Ihr ein schönes Erbe«, sagte der König zum Marquis. »So ist es, Majestät«, erwiderte der Marquis, »diese Wiese bringt jedes Jahr Heu im Überfluß.«
Meister Kater, der immer vorauseilte, traf andere Schnitter bei der Arbeit und sagte zu ihnen: »Liebe Leute, die Ihr das Korn schneidet, wenn Ihr nicht sagt, daß diese Getreidefelder dem Marquis von Carabas gehören, werdet Ihr alle kleingehackt wie Pastetenfleisch.« Wenig später kam der König vorüber und wollte wissen, wem die Getreidefelder gehörten. »Dem Marquis von Carabas«, antworteten die Schnitter im Chor, und der König freute sich wieder mit dem Marquis. Der Kater, der immer der Kutsche vorauseilte, sagte allen, denen er begegnete, dasselbe, und der König war erstaunt über den großen Besitz des Marquis von Carabas.
Schließlich kam Meister Kater zu einem prächtigen Schloß, das gehörte einem Oger, dem reichsten Oger weit und breit. Er besaß auch alle Ländereien, durch die der König eben gefahren war. Der Kater erkundigte sich vorsorglich, wer dieser Oger sei und was er treibe. Dann verlangte er, ihn zu sprechen und gab vor, er wolle nicht an seinem Schloß vorübergehen, ohne die Ehre zu haben, ihm seine Aufwartung zu machen. Der Oger empfing ihn sehr höflich, soweit ein Oger überhaupt höflich sein kann, und ließ ihn Platz nehmen. »Mir wurde versichert«, sagte der Kater, »daß Ihr die Gabe besitzt, die Gestalt eines jeden Tieres anzunehmen. Ihr könntet Euch zum Beispiel in einen Löwen oder in einen Elefanten verwandeln?« »Stimmt«, erwiderte der Oger schroff, »und um es Euch zu beweisen, werde ich jetzt ein Löwe.«
Der Kater erschrak derart, als ihm plötzlich ein Löwe gegenüberstand, daß er spornstreichs die Dachrinne erklomm, nicht ohne Mühe und Gefahr, denn Stiefel sind nicht geeignet, über Dächer zu spazieren. Erst als der Kater sah, daß der Löwe sich wieder in einen Oger zurückverwandelt hatte, stieg er herab und gestand, er habe große Furcht gehabt. Dann sagte er: »Mir wurde außerdem versichert, was ich aber nicht glauben kann, Ihr könntet Euch auch in die kleinsten Tiere verwandeln, in eine Ratte zum Beispiel oder in eine Maus. Ich muß gestehen, ich halte das für unmöglich.« »Unmöglich?« höhnte der Oger, »Ihr werdet es sehen!« Im selben Augenblick verwandelte er sich in eine Maus, die auf dem Fußboden hin- und herlief. Kaum hatte der Kater die Maus gesehen, als er sich auf sie stürzte und sie verschlang.
Unterdessen sah der König beim Vorüberfahren das schöne Schloß des Ogers und begehrte einzutreten. Als der Kater die Kutsche über die Zugbrücke rollen hörte, lief er hinaus und begrüßte den König: »Majestät, ich heiße Euch herzlich willkommen im Schloß des Marquis von Carabas.« »Wie, auch dieses Schloß gehört Euch, Marquis? Etwas Schöneres kann man sich kaum vorstellen als diesen

G. Doré
PISAN

Hof und alle Gebäude ringsum, die dazugehören. Erlaubt bitte, daß wir hineingehen.« Der Marquis reichte der Prinzessin die Hand, und sie folgten dem König, der voranschritt.
Sie betraten einen großen Saal, wo ein herrliches Mahl aufgetischt war. Das hatte der Oger für seine Freunde bereiten lassen, die ihn an diesem Tag besuchen wollten. Sie wagten aber nicht einzutreten, als sie erfuhren, daß der König im Schloß sei.
Der König war entzückt über die Vorzüge des Marquis von Carabas und ebenso seine Tochter, die sich maßlos in ihn verliebte. Als der König alle Schätze gesehen hatte, die dem Marquis gehörten, sagte er beim fünften oder sechsten Glas zu ihm: »Es liegt nur an Euch, Marquis, ob Ihr mein Schwiegersohn werden wollt.« Der Marquis verbeugte sich tief, nahm das ehrenvolle Angebot des Königs an, und noch am selben Tag heiratete er die Prinzessin. Der Kater wurde in den Adelsstand erhoben und ging nur noch auf Mäusejagd, wenn er sich ein Vergnügen bereiten wollte.

Moral

Groß mag der Vorteil sein,
wenn sich der Sohn des Erbes freuen darf,
das er vom Vater übernommen hat.
Doch besser ist es für die jungen Leute,
wenn sie, statt Güter zu ererben,
mit Kunst und mit Geschicklichkeit
das Leben meistern.

Weitere Moral

Wenn eines Müllers Sohn mit solcher Eile
das Herz der Königstochter sich gewinnt,
wenn er vermag, daß sie an ihm mit liebestrunknen Blicken hängt,
so zeigt uns dies, daß Kleidung und Gestalt und Jugend
nicht unwirksame Mittel sind,
die zärtlichste Empfindung zu erwecken.

DIE FEEN

Es war einmal eine Witwe, die hatte zwei Töchter. Die Ältere glich ihr so sehr in ihrem Wesen und Aussehen, daß jeder, der sie sah, die Mutter zu sehen glaubte. Beide waren so boshaft und so hochmütig, daß keiner mit ihnen leben konnte. Die Jüngere, das wahre Abbild des Vaters, war in ihrer Sanftmut und Höflichkeit noch dazu eines der schönsten Mädchen, das man je gesehen hat.
Da es natürlich ist, daß man sein Ebenbild liebt, so war diese Mutter vernarrt in ihre ältere Tochter; aber gegen die jüngere hatte sie eine erschreckende Abneigung. Sie mußte in der Küche essen und ununterbrochen arbeiten. Zweimal täglich mußte das arme Kind einen großen vollen Krug Wasser heranschleppen von einem Brunnen, der eine gute halbe Meile vom Haus entfernt war.
Eines Tages, als es aus diesem Brunnen schöpfte, trat eine arme Frau an das Mädchen heran mit der Bitte, ihr zu trinken zu geben. »Gern, gutes Mütterchen«, sagte das schöne Kind; sogleich spülte es seinen Krug aus und schöpfte Wasser an der klarsten Stelle des Brunnens und reichte es ihr, indem es den Krug stützte, damit die Arme bequemer trinken könnte. Als die gute Frau ihren Durst gestillt hatte, sagte sie: »Ihr seid so schön, so gut und so freundlich, daß ich Euch ein Geschenk machen möchte«, denn sie war eine Fee, die die Gestalt einer armen Bäuerin angenommen hatte, um zu prüfen, wie weit die Höflichkeit dieses jungen Mädchens ginge.
»Ich mache Euch zum Geschenk«, fuhr die Fee fort, »daß bei jedem Wort, das Ihr sprechen werdet, eine Blume oder ein Edelstein aus Eurem Munde springen soll.« Als das schöne Kind nach Hause kam, war seine Mutter böse, weil es so spät vom Brunnen zurückkehrte. »Verzeiht mir, Mutter«, sagte das arme Mädchen, »daß ich mich so verspätet habe.« Bei diesem Wort sprangen zwei Rosen aus seinem Mund, zwei Perlen und zwei große Diamanten.
»Was sehe ich da«, sagte die Mutter verwundert, »ich glaube, aus ihrem Mund springen Perlen und Diamanten! Woher kommt das, meine Tochter?« (Dies war das erste Mal, daß sie 'meine Tochter' zu ihr sagte.) Das arme Kind erzählte arglos alles, was ihm widerfahren war, wobei unzählige Diamanten aus seinem Mund sprangen. »Wahrhaftig, ich muß meine Tochter Fanchon dorthin schicken«, sagte die Mutter. »Kommt, Fanchon, seht doch nur, was Eurer Schwester aus dem Mund springt,

wenn sie spricht! Möchtet Ihr auch gern solch ein Geschenk erhalten? Ihr braucht nur im Brunnen Wasser zu schöpfen, und wenn eine arme Frau Euch um einen Trunk bittet, müßt Ihr sehr freundlich zu ihr sein und ihr Euren Krug reichen.« »Ich soll zum Brunnen gehen? Das würde schön zu mir passen!« erwiderte die Unhöfliche. »Ich will aber, daß Ihr geht«, sprach die Mutter, »und zwar sofort.«

Da nahm Fanchon die schönste silberne Kanne, die im Hause war, und machte sich murrend auf den Weg. Kaum war sie beim Brunnen angelangt, als sie eine prächtig gekleidete Dame aus dem Wald kommen sah, die sie um einen Trunk bat. Es war dieselbe Fee, die ihrer Schwester erschienen war, aber diesmal war sie in der Gestalt und in den Kleidern einer Prinzessin gekommen, um zu prüfen, wie weit die Unhöflichkeit dieses Mädchens ginge. »Bin ich hierher gekommen, um Euch zu trinken zu geben?« sagte die Unhöfliche schroff. »Meint Ihr, ich hätte eigens die silberne Kanne mitgebracht, damit die Dame daraus trinken kann? Bedient Euch doch selbst, wenn Ihr trinken wollt«. »Sehr liebenswürdig seid Ihr nicht«, erwiderte die Fee, ohne in Zorn zu geraten. »Nun gut, da Ihr so wenig hilfsbereit seid, mache ich Euch zum Geschenk, daß bei jedem Wort, das Ihr sprechen werdet, eine Schlange oder eine Kröte aus Eurem Munde kommen soll.«

Kaum sah die Mutter Fanchon kommen, rief sie ihr entgegen: »Wie steht's, meine Tochter?« »So steht's meine Mutter!« antwortete die Unhöfliche und spie zwei Nattern und zwei Kröten aus. »O Himmel«, schrie die Mutter, »was sehe ich? Daran ist Eure Schwester schuld, das soll sie mir büßen!«. Und sofort lief sie zu ihr, um sie zu schlagen.

Das arme Kind entfloh und rettete sich in den nahen Wald. Dort begegnete ihm der Königssohn, der von der Jagd zurückkehrte; als er das schöne Mädchen sah, fragte er, was es hier so allein mache und warum es weine. »Ach, Herr, meine Mutter hat mich von Zuhause fortgejagt.« Der Königssohn sah, daß dem Mädchen vier oder fünf Perlen und ebensoviele Diamanten aus dem Mund sprangen. Er bat es, ihm das zu erklären, und es erzählte ihm sein ganzes Erlebnis. Da verliebte sich der Königssohn in sie; auch bedachte er, daß eine solche Gabe mehr wert sei als jede Mitgift einer anderen. Er führte sie in das Schloß seines Vaters, des Königs, wo er sie heiratete.

Ihre Schwester aber machte sich so verhaßt, daß ihre eigene Mutter sie aus dem Hause jagte, und nachdem die Unglückliche weit gelaufen war, ohne jemanden zu finden, der sie aufnehmen wollte, starb sie einsam in der Tiefe des Waldes.

HEBERT SC.

Moral

Oft wirken Edelsteine und Dukaten
mit großer Macht auf die Gemüter.
Ein sanftes Wort jedoch vermag noch mehr
und ist zudem von größrem Wert.

Weitere Moral

Die Höflichkeit verlangt Gefälligkeiten,
sie braucht ein wenig auch Entgegenkommen.
Doch früher oder später bringt sie Lohn
und oft zu einer Zeit, da man's nicht denkt.

G. Doré
A PISAN

ASCHENPUTTEL ODER DER KLEINE GLÄSERNE PANTOFFEL

Es war einmal ein Edelmann, der heiratete in zweiter Ehe die hochmütigste und stolzeste Frau, die man je gesehen hat. Sie hatte zwei Töchter, die ihr in jeder Weise ähnlich waren. Ihr Mann hatte auch eine junge Tochter, die aber war von einer Sanftmut und Gutmütigkeit ohnegleichen: sie glich ganz ihrer Mutter, die die beste Frau der Welt gewesen war.

Kaum war die Hochzeit gefeiert, da zeigte sich die Stiefmutter bereits von ihrer schlimmsten Seite. Die Vorzüge des jungen Mädchens waren ihr ein Dorn im Auge, weil ihre eigenen Töchter dagegen noch unleidlicher erschienen. Sie bürdete ihm die niedrigsten Arbeiten im Hause auf: es mußte das Geschirr spülen und die Treppen scheuern und die Zimmer der Gnädigen und ihrer Fräulein Töchter putzen. Nachts schlief es in einer Kammer ganz hoch unter dem Dach auf einem armseligen Strohsack, während die Schwestern getäfelte Zimmer bewohnten mit Betten nach der neuesten Mode und mit Spiegeln, in denen sie sich von Kopf bis Fuß betrachten konnten.

Das arme Mädchen ertrug alles geduldig und wagte nicht, sich bei seinem Vater zu beklagen. Er hätte es doch nur gescholten, denn seine Frau beherrschte ihn völlig. Wenn es seine Arbeit getan hatte, kroch es in den Winkel am Herd und setzte sich in die Asche, deshalb wurde es von allen im Hause Aschenhocker genannt; nur die jüngere Schwester, die nicht ganz so unhöflich war wie die ältere, nannte es Aschenputtel. In ihren armseligen Lumpen war Aschenputtel trotzdem hundertmal schöner als ihre Schwestern, so prächtig sie auch gekleidet sein mochten.

Es begab sich, daß der Königssohn einen Ball gab, zu dem er alle Leute von Rang und Stand einlud: unsere beiden gnädigen Fräulein wurden auch gebeten, denn sie spielten eine große Rolle im Lande. Voll Eifer gingen sie daran, Kleider auszuwählen und Frisuren, die ihnen am besten zu Gesicht stünden. Neue Plage für Aschenputtel: denn sie mußte für ihre Schwestern die Wäsche bügeln und die Manschetten fälteln. Man sprach von nichts anderem mehr als von Putz und Kleidern. »Ich«, sagte die Ältere, »ich werde mein rotes Samtkleid mit dem englischen Besatz anziehen.« »Ich«, sagte die Jüngere, »ich werde meinen gewöhnlichen Rock anziehen, aber dafür werde ich meine Robe mit den goldenen Blumen darübertragen und meine Diamantspange, die jedem auffällt.« Man schickte nach einer guten Haarkräuslerin, die die Hauben auftürmen mußte, und man ließ bei der besten Putzmacherin Schönheitspflästerchen kaufen. Sie riefen Aschenputtel, um ihren Rat einzuholen, denn sie hatte einen guten Geschmack. Aschenputtel beriet sie aufs beste und erbot sich sogar, ihnen das Haar aufzustecken, was sie sich gern gefallen ließen.

Als sie gekämmt wurden, fragten die Schwestern: »Aschenputtel, würdest du auch gern auf den Ball gehen?« »Ach, gnädige Fräulein, Ihr macht Euch lustig über mich, dort würde ich nicht hinpassen.« »Du hast recht, man würde wohl lachen, wenn man einen Aschenhocker zum Ball gehen sähe.« Jede andere hätte ihnen die Frisur nun verdorben, Aschenputtel aber war so herzensgut und putzte sie wunderschön heraus. Fast zwei Tage aßen sie nichts, so waren sie außer sich vor Freude. Mehr als ein Dutzend Schnürbänder wurden zerrissen, so kräftig ließen sie sich zusammenschnüren, um ihre Taille schlanker zu machen, und stundenlang standen sie vor dem Spiegel.

Endlich war der große Tag gekommen; sie fuhren los, und Aschenputtel blickte ihnen nach, so lange sie konnte. Als sie die Schwestern nicht mehr sah, begann sie zu weinen. Ihre Patin fand sie in Tränen aufgelöst und fragte, was sie hätte. »Ich möchte so gern . . . ich möchte so gern . . .« Sie weinte so sehr, daß sie nicht zu Ende sprechen konnte. Ihre Patin, die eine Fee war, sagte zu ihr: »Du möchtest so gern auf den Ball gehen, nicht wahr?« »Ach ja«, sagte Aschenputtel seufzend. — »Nun gut, wenn du jetzt brav bist«, sagte die Patin, »werde ich dafür sorgen, daß du hinkommst.«

Sie führte sie in ihre Kammer und sagte zu ihr: »Geh in den Garten und bringe mir einen Kürbis.« Aschenputtel ging sofort, um den schönsten zu pflücken, den sie finden konnte, und brachte ihn ihrer Patin, ohne zu ahnen, wie dieser Kürbis sie zum Ball bringen könne. Die Patin höhlte ihn aus und ließ nur die Schale übrig; sie berührte sie mit ihrem Zauberstab, und der Kürbis wurde sogleich in eine schöne goldene Kutsche verwandelt. Dann warf sie einen Blick in die Mausefalle, wo sie sechs springlebendige Mäuse fand. Sie bat Aschenputtel, die Klappe der Mausefalle ein wenig zu öffnen und tippte jede Maus, die herauskam, mit ihrem Zauberstab an, und sofort wurde die Maus in ein schönes Pferd verwandelt; das gab ein stattliches Gespann von sechs Apfelschimmeln, schön mausgrau gescheckt. Es blieb nur noch die Sorge, woraus sie einen Kutscher machen sollte. »Ich werde sehen, ob nicht vielleicht eine Ratte in der Rattenfalle ist«, sagte Aschenputtel, »die werden wir dann zum Kutscher machen.» «Du hast recht«, sagte ihre Patin, »sieh einmal nach!» Aschenputtel brachte ihr die Rattenfalle, in der drei fette Ratten saßen: die Fee nahm eine von den dreien, die majestätische Schnauzhaare hatte, heraus, und kaum hatte sie die Ratte mit ihrem Stab berührt, da wurde sie in einen dikken Kutscher verwandelt mit einem der schönsten Schnauzbärte, die man je gesehen hatte.

Dann sprach sie zu ihr: »Geh in den Garten! Dort wirst du sechs Eidechsen hinter der Gießkanne finden, die bringe mir.« Kaum hatte sie die Eidechsen herbeigebracht, als die Patin sie in sechs Lakaien verwandelte, die hinten auf die Kutsche stiegen. In ihren goldverbrämten Livreen standen sie dort, als ob sie nie im Leben etwas anderes getan hätten.

Da sagte die Fee zu Aschenputtel: »Jetzt hast du alles, um zum Ball zu gehen. Bist du nun zufrieden?« »Ja, aber soll ich denn, so wie ich bin, mit meinen häßlichen Kleidern dorthin gehen?« Die Patin berührte sie nur mit dem Zauberstab, und sofort wurden ihre Kleider verwandelt in Gewänder aus Gold und Silber, über und über mit Edelsteinen besetzt; dann gab sie ihr ein Paar gläserne Pantoffeln, die schönsten der Welt. Als sie so herausgeputzt war, stieg sie in die Kutsche; aber die Patin legte ihr ans Herz, nicht über Mitternacht hinaus wegzubleiben, denn wenn sie einen Augenblick länger auf dem Ball bliebe, würde ihre Kutsche wieder zum Kürbis, ihre Pferde zu Mäusen, ihr Kutscher zur Ratte, ihre Lakaien zu Eidechsen, und ihre Kleider würden wieder so häßlich aussehen wie früher. Sie versprach ihrer Patin, sie würde nicht versäumen, den Ball vor Mitternacht zu verlassen und fuhr davon, außer sich vor Freude.

Als man dem Königssohn gemeldet hatte, eine edle Prinzessin, die niemand kenne, sei soeben angekommen, eilte er, sie zu empfangen. Er reichte ihr die Hand, als sie aus der Kutsche stieg, und führte sie in den Festsaal. Tiefe Stille breitete sich aus: man hörte auf zu tanzen, und die Geigen spielten nicht weiter, so gebannt war man von der unvergleichlichen Schönheit dieser Unbekannten. Nur ein verworrenes Geraune war zu hören: »Oh, wie ist sie schön!« Sogar der König, so alt er war, konnte den Blick nicht von ihr wenden und flüsterte der Königin zu, er habe lange nicht ein so schönes und liebenswertes Geschöpf gesehen. Alle Damen musterten aufmerksam ihren Kopfputz und ihre Kleider, um es ihr gleich am nächsten Tag nachzumachen, vorausgesetzt, es ließen sich ebenso schöne Stoffe und ebenso geschickte Schneider finden. Der Königssohn brachte sie zum Ehrenplatz, und dann reichte er ihr die Hand, um sie zum Tanz zu führen: Sie tanzte mit soviel Anmut, daß man sie immer mehr bewunderte. Man trug ein köstliches Mahl auf, aber der Prinz aß nichts, so sehr war er in ihren Anblick versunken. Sie setzte sich auch neben ihre Schwestern und erwies ihnen tausend Aufmerksamkeiten: sie teilte die Orangen und Zitronen mit ihnen, die der Prinz ihr gegeben hatte; das erstaunte die Schwestern sehr, denn sie erkannten sie nicht. Als sie so miteinander plauderten, hörte Aschenputtel es dreiviertel Zwölf schlagen: sofort machte sie einen tiefen Knicks zur Gesellschaft hin und ging so schnell sie konnte hinaus.

Sobald sie zu Haus angelangt war, suchte sie ihre Patin auf, bedankte sich bei ihr und sagte, wie sehr

sie sich wünsche, morgen noch einmal auf den Ball zu gehen, weil der Königssohn sie darum gebeten habe. Als sie gerade dabei war, ihrer Patin alles zu erzählen, was sich auf dem Ball zugetragen hatte, klopften ihre beiden Schwestern an die Tür. Aschenputtel öffnete ihnen. »Ihr kommt spät nach Haus«, sagte sie gähnend und rieb sich die Augen und reckte sich, als wenn sie gerade aufgewacht wäre: dabei hatte sie überhaupt nicht an Schlaf gedacht, seit sie sich getrennt hatten. »Wenn du auf den Ball gekommen wärst«, sagte eine ihrer Schwestern, »hättest du dich nicht gelangweilt: die schönste Prinzessin war da, die schönste, die es gibt auf der Welt. Sie hat uns tausend Aufmerksamkeiten erwiesen, sie hat uns Orangen und Zitronen gegeben.« Aschenputtels Herz hüpfte vor Freude: sie fragte nach dem Namen dieser Prinzessin; aber sie antworteten ihr, niemand kenne sie, und der Königssohn sei sehr bekümmert darüber und würde alles auf der Welt dafür geben, zu erfahren, wer sie sei. Aschenputtel lächelte und sagte zu ihnen: »So schön war sie also? Mein Gott, wie glücklich Ihr seid, könnte ich sie nicht auch einmal sehen? Ach, Fräulein Javotte, leiht mir doch Euer gelbes Kleid, das Ihr alle Tage tragt.«

»Das könnte dir so passen!« sagte Fräulein Javotte, »ich müßte ja nicht ganz bei Sinnen sein, so einem häßlichen Aschenhocker, wie du es bist, ein Kleid zu leihen!« Aschenputtel hatte keine andere Antwort erwartet und war sehr zufrieden darüber, denn sie wäre in die größte Verlegenheit gekommen, wenn die Schwester ihr das Kleid geliehen hätte. Am nächsten Tag waren die beiden Schwestern wieder auf dem Ball und Aschenputtel auch, aber noch schöner als das erstemal.

Der Königssohn wich nicht von ihrer Seite und hörte nicht auf, ihr Schmeicheleien zu sagen; dem jungen Fräulein wurde die Zeit nicht lang, und sie vergaß, was ihre Patin ihr ans Herz gelegt hatte. So hörte sie den ersten Glockenschlag der Mitternachtsstunde, als sie glaubte, es wäre noch nicht elf Uhr. Sie sprang auf und entfloh so leichtfüßig wie ein Reh. Der Prinz folgte ihr, aber er konnte sie nicht einholen; sie verlor einen ihrer gläsernen Pantoffeln, den der Prinz behutsam aufhob.

Atemlos kam Aschenputtel zu Hause an, ohne Kutsche, ohne Lakaien und in ihren häßlichen Kleidern. Nichts war ihr von all der Herrlichkeit geblieben als einer ihrer kleinen Pantoffeln, der gleiche wie der, den sie verloren hatte. Man fragte die Wächter am Schloßtor, ob sie nicht eine Prinzessin gesehen hätten, die eben fortgegangen sei. Sie sagten, sie hätten niemand gesehen, außer einem ganz armselig gekleideten jungen Mädchen, das habe eher einer Bäuerin geglichen als einer Prinzessin.

Als ihre beiden Schwestern vom Ball zurückkehrten, fragte Aschenputtel, ob sie sich wieder so gut unterhalten hätten, und ob die schöne Dame wieder dagewesen sei. Sie sagten ja, aber sei sei entflohen, als es Mitternacht geschlagen hätte, und so schnell, daß sie einen ihrer kleinen gläsernen Pantoffeln

G. Doré
H. BREVIÈRE, SC.

verloren hätte, den hübschesten der Welt; daß der Königssohn ihn aufgehoben und bis zum Ende des Balls nur auf ihn geschaut habe. Bestimmt sei er sehr verliebt in die schöne Dame, der der kleine Pantoffel gehöre.

Sie sagten die Wahrheit, denn wenige Tage später ließ der Königssohn mit Trompetenschall verkünden, er würde diejenige heiraten, deren Fuß genau in den Pantoffel passe. Zuerst wurde er den Prinzessinnen anprobiert, dann den Herzoginnen und dem ganzen Hof, aber vergebens. Man brachte ihn auch den beiden Schwestern, die ihr möglichstes taten, um den Fuß in den Pantoffel zu zwängen, aber es gelang ihnen nicht. Aschenputtel sah ihnen zu, sie erkannte den Pantoffel und sagte lachend: »Ich will doch einmal sehen, ob er mir nicht paßt!« Die Schwestern lachten sie aus und machten sich über sie lustig. Der Edelmann, der die Pantoffelanprobe durchführte, hatte Aschenputtel aufmerksam betrachtet und fand sie wunderschön. Er sagte, sie habe recht, und er hätte den Auftrag, ihn allen Mädchen anzuprobieren. Aschenputtel mußte sich hinsetzen, und er hielt den Pantoffel an ihren zierlichen Fuß; da sah er, daß sie mühelos hineinkam und der Pantoffel wie angegossen paßte. Das Erstaunen der beiden Schwestern war groß, aber es wurde noch größer, als Aschenputtel aus ihrer Tasche den anderen kleinen Pantoffel holte und ihn anzog.

Da aber kam die Patin hinzu. Sie berührte mit ihrem Stab Aschenputtels Kleider und verwandelte sie in noch viel schönere Gewänder als alle früheren. Da erkannten die beiden Schwestern in ihr das schöne Geschöpf, das auf den Ball gekommen war. Sie warfen sich ihr zu Füßen und baten um Verzeihung für alle schlechte Behandlung, die sie von ihnen erlitten hatte. Aschenputtel hob sie auf, umarmte sie und sagte, daß sie ihnen von Herzen verzeihe und wünsche, sie möchten sie immer liebhaben. Aschenputtel wurde zu dem jungen Prinzen geführt in ihrer ganzen Pracht. Er fand sie schöner denn je, und wenige Tage später wurde die Hochzeit gefeiert. Aschenputtel, die ebenso gut wie schön war, ließ ihre beiden Schwestern im Schloß wohnen und verheiratete sie noch am gleichen Tag an zwei adelige Herren vom Hofe.

Moral

Die Schönheit ist ein seltner Schatz für unsre Damen,
man wird nicht müde, Schönheit zu bewundern.
Doch was wir wahre Anmut nennen,
ist noch viel edler und bewunderswerter.
Sie ist's, mit der die Patin Aschenputtel zierte;
zur Anmut ward das Kind erzogen,
und Anmut war's, die seine Patin lehrte –
mit dem Erfolg, daß eine Kön'gin aus ihm wurde.
Und die Moral, die wir daraus gewinnen:
Ihr Schönen, lernt, daß diese Gabe
noch besser als ein hübscher Kopfputz ist,
will man ein Herz entflammen und es ganz gewinnen.
Es ist die wahre Anmut eine Feengabe,
und ohne sie erreicht Ihr nichts,
doch mit ihr, da gelingt Euch alles.

Weitere Moral

Es ist ein großer Vorzug, zweifellos,
gewandten Geist und Mut,
Vernunft und vornehme Geburt
und ähnlich edle Eigenschaften
als Anteile des Himmels zu empfangen.
Es mag wohl gut sein, wenn ihr sie besitzt,
für Euer Weiterkommen aber sind sie ohne Wert,
wenn ihr nicht eine Patin, einen Paten habt,
die Euch auch helfen, sie zu nutzen.

RIQUET MIT DEM SCHOPF

Es war einmal eine Königin, die gebar einen Sohn, der so häßlich und mißgestaltet war, daß man lange zweifelte, ob er überhaupt ein richtiger Mensch sei. Bei der Geburt des Königssohnes war aber eine Fee zugegen, die versicherte, er werde immer liebenswert sein, dank seines wachen Geistes; sie fügte sogar hinzu, sie habe ihm die Gabe verliehen, dereinst der Frau, die er am meisten liebe, ebensoviele Geistesgaben zu schenken, wie er selbst besitze.

Das alles tröstete die arme Königin ein wenig, die sehr betrübt war, weil sie einen so häßlichen Knirps zur Welt gebracht hatte. Und wirklich, kaum hatte das Kind zu sprechen begonnen, als es auch schon tausend artige Dinge sagte. Und in allem, was es tat, zeigte es sich so gewandt, daß jedermann entzückt war. Ich vergaß zu sagen, daß das Kind mit einem struwweligen Haarschopf zur Welt gekommen war; deshalb nannte man es Riquet mit dem Schopf, denn Riquet war sein Familienname.

Als sieben oder acht Jahre vergangen waren, gebar die Königin eines Nachbarreiches zwei Mädchen. Das erste, das zur Welt kam, war schöner als der lichte Tag. Die Königin war darüber so glücklich, daß man fürchtete, die übergroße Freude könnte ihrer Gesundheit schaden. Nun war dieselbe Fee, die an der Wiege des kleinen Riquet mit dem Schopf gestanden hatte, auch bei dieser Geburt zugegen. Um die Freude der Königin zu dämpfen, sagte sie ihr, diese kleine Prinzessin besitze gar keinen Verstand, sie werde ebenso geistlos wie schön sein. Das kränkte die Königin tief; aber wenig später erlitt sie einen noch viel größeren Kummer; denn die zweite Tochter, die sie gebar, war über alle Maßen häßlich. »Seid nicht gar zu traurig«, sagte die Fee zur Königin. »Eure Tochter wird entschädigt werden; sie wird so geistreich sein, daß die fehlende Schönheit kaum bemerkt wird.« »Gott gebe es«, erwiderte die Königin. »Aber ist es denn nicht möglich, der Älteren, die so schön ist, wenigstens etwas Verstand zu verleihen?« »Für ihren Verstand vermag ich nichts zu tun«, sagte die Fee, »aber für ihre Schönheit alles. Und da es nichts gibt, was ich nicht täte, damit Ihr zufrieden seid, werde ich ihr die Gabe verleihen, dereinst dem Mann, der ihr gefallen wird, Schönheit zu schenken.«

Im gleichen Maße wie die beiden Prinzessinnen groß wurden, wuchsen auch ihre Vorzüge. Überall wurde nur von der Schönheit der Älteren und von der geistigen Gewandtheit der Jüngeren gesprochen. Allerdings wuchsen mit zunehmendem Alter auch ihre Mängel beträchtlich. Die Jüngere wurde zusehends häßlicher und die Ältere von Tag zu Tag dümmer. Wenn sie gefragt wurde, antwortete sie entweder überhaupt nichts oder etwas ganz Albernes. Überdies war sie so ungeschickt, daß sie nicht vier Porzellanfiguren auf den Kaminsims stellen konnte, ohne eine zu zerbrechen, und sie konnte kein Glas Wasser trinken, ohne die Hälfte davon auf ihr Kleid zu schütten.

Zwar macht die Schönheit jeden jungen Menschen besonders anziehend; dennoch war es die Jüngere, die auf fast allen Gesellschaften die Ältere in den Schatten stellte. Zuerst wandten sich alle der Schönen zu, um sie anzuschauen und sie zu bewundern; aber schon wenig später gingen sie zu der, die geistreicher war, um sie tausend anmutige Dinge sagen zu hören. Und wie erstaunt war man, daß nach einer knappen Viertelstunde die Ältere allein dastand und alle die Jüngere umringten. So begriffsstutzig die Ältere auch war, sie bemerkte das wohl, und sie hätte ohne Bedauern ihre ganze Schönheit hingegeben, wenn sie dafür auch nur die Hälfte von der Geistesgewandtheit ihrer Schwester hätte eintauschen können. Selbst die weise Königin mußte ihr manchmal ihre Dummheit vorwerfen, und der armen Prinzessin brach schier das Herz vor Kummer.

Eines Tages, als sie sich in den Wald geflüchtet hatte, um sich dort auszuweinen, sah sie einen kleinen, sehr häßlichen, ganz widerwärtigen Mann auf sich zukommen. Er war aber prächtig gekleidet. Es war der junge Prinz Riquet mit dem Schopf, der sich in sie verliebt hatte beim Anblick eines der Bilder von ihr, die in der ganzen Welt umliefen. Er hatte das Königreich seines Vaters verlassen, in der Hoffnung, sie zu sehen und zu sprechen. Entzückt, ihr so ganz allein zu begegnen, sprach er sie an mit aller Ehrerbietung und aller nur erdenklichen Höflichkeit. Als er nach den üblichen Komplimenten ihre Schwermut bemerkte, sagte er zu ihr: »Ich verstehe gar nicht, daß jemand, der so schön ist wie Ihr, Prinzessin, so traurig sein kann, wie Ihr es zu sein scheint; denn obwohl ich mich rühmen darf, zahllose schöne Damen gesehen zu haben, muß ich gestehen, daß keine darunter war, deren Schönheit der Euren nahekam.«

»Ihr beliebt zu scherzen«, erwiderte die Prinzessin und weiter nichts. »Die Schönheit«, fuhr Riquet mit dem Schopf fort, »ist ein so großer Vorzug, daß sie alles andere aufwiegt, und ich wüßte nicht, was den wirklich betrüben könnte, der sie besitzt.« »Lieber wäre ich so häßlich wie Ihr«, antwortete die Prinzessin, »und dafür klug, als so schön zu sein und so dumm.« »Nichts zeigt deutlicher, daß jemand Verstand besitzt, Prinzessin, als wenn er selbst glaubt, keinen zu haben. Und ein Kennzeichen dieser Gabe ist: je mehr man davon besitzt, um so mehr glaubt man, sie zu entbehren.« »Das weiß ich nicht«, sagte die Prinzessin, »ich weiß nur, daß ich sehr dumm bin, und daher rührt der Kummer, der mich umbringt.« »Wenn das Eure einzige Sorge ist, Prinzessin, so kann ich Euch leicht davon befreien.« »Wie wollt Ihr das machen?« fragte sie. »Ich besitze die Macht«, antwortete Riquet mit dem Schopf, »der Frau, die ich am meisten liebe, so viel Geist und Verstand zu schenken, wie ein Mensch überhaupt haben kann. Und da Ihr, Prinzessin, die Auserwählte seid, wird es einzig und allein von Euch abhängen, soviel Geist und Verstand zu haben, wie man nur wünschen kann. Allerdings nur, wenn Ihr mich heiratet.«

Die Prinzessin war so bestürzt, daß sie nichts antworten konnte. »Wie ich sehe«, sprach Riquet mit dem Schopf weiter, »verwirrt Euch dieser Vorschlag, und das wundert mich nicht, aber ich gebe Euch ein volles Jahr Zeit, damit Ihr Euch entscheiden könnt.« Die Prinzessin hatte so wenig Geist und Verstand und doch ein so großes Verlangen, beides zu besitzen, daß sie glaubte, dieses Jahr würde niemals enden; also willigte sie in seinen Vorschlag ein. Kaum hatte sie Riquet mit dem Schopf versprochen, daß sie ihn übers Jahr auf den Tag genau heiraten würde, da fühlte sie sich völlig verwandelt. Mit unglaublicher Leichtigkeit konnte sie alles ausdrücken, was sie sagen wollte, ganz ungezwungen und natürlich: von diesem Augenblick an führte sie, ohne zu stocken, ein kluges Gespräch mit Riquet, worin sie sich so geistreich zeigte, daß er glaubte, er habe ihr mehr Geist und Verstand gegeben, als ihm selbst geblieben sei.

Als die Prinzessin in das Schloß zurückgekehrt war, blieb diese plötzliche und außergewöhnliche Verwandlung niemandem bei Hof verborgen; denn so viel albernes Zeug man sie vorher hatte sagen hören, so viel Vernünftiges und ungemein Geistreiches vernahm man jetzt aus ihrem Munde. Der ganze Hof freute sich unbeschreiblich darüber, nur die jüngere Schwester nicht, denn da sie nun der Älteren gegenüber nicht mehr die Vorzüge ihres Geistes geltend machen konnte, erschien sie neben ihr nur noch wie eine häßliche Vogelscheuche.

Der König folgte ihren Ratschlägen und beriet sich sogar manchmal mit seinen Ministern in ihren Gemächern. Als die Kunde von dieser Wandlung sich im Lande verbreitete, waren alle jungen Prinzen der benachbarten Königreiche bestrebt, ihr Herz zu gewinnen, und fast alle hielten um ihre Hand an; aber sie fand keinen unter ihnen, der genügend Geist besessen hätte, und so hörte sie alle an, ohne einem einzigen ihr Jawort zu geben. Indessen, schließlich kam doch einer, der war so mächtig, so reich, so geistvoll und von so edler Gestalt, daß sie, ob sie wollte oder nicht, Zuneigung zu ihm faßte. Ihrem Vater entging das nicht, und er sagte, daß er ihr freie Hand ließe bei der Wahl ihres Gemahles, sie brauche sich nur zu erklären. Nun ist es aber so: je mehr Verstand man hat, desto

G. Doré
PANNEMAKER

schwieriger ist es, in solchen Dingen einen endgültigen Entschluß zu fassen. Deshalb dankte sie ihrem Vater und bat um Bedenkzeit.

Um in aller Ruhe zu überlegen, was sie tun sollte, ging sie in den Wald. Der Zufall wollte es, daß es derselbe Wald war, wo sie Riquet mit dem Schopf getroffen hatte. Als sie so sinnend einherging, hörte sie unter ihren Füßen ein dumpfes Rumoren wie das geschäftige Kommen und Gehen vieler Menschen. Als sie aufmerksamer lauschte, hörte sie jemanden sagen: »Bringe mir diesen Topf heran« und einen anderen: »Gib mir diesen Kessel«, wieder einen anderen: »Leg Holz aufs Feuer.« Im selben Augenblick tat sich die Erde auf, und die Prinzessin sah zu ihren Füßen eine große Küche mit vielen Köchen, Küchenjungen und allen möglichen Bediensteten, die dazu gehören, um ein köstliches Festmahl zu bereiten. Sie erkannte eine Gruppe von zwanzig oder dreißig Bratköchen, die sich gerade an einem sehr langen Tisch in einer Waldschneise niederließen und die alle, die Spicknadel in der Hand und die Fuchsschwanzmützen auf dem Kopf, im Takt einer wohlklingenden Weise zu arbeiten begannen.

Die Prinzessin, erstaunt über dies Schauspiel, fragte, für wen sie das Mahl bereiteten. »Für den Prinzen Riquet mit dem Schopf, der morgen Hochzeit feiern wird«, antwortete der stattlichste von ihnen. Die Prinzessin staunte immer mehr, und als sie sich plötzlich daran erinnerte, daß sie vor einem Jahr dem Prinzen Riquet mit dem Schopf versprochen hatte, ihn zu heiraten, glaubte sie aus allen Wolken zu fallen. Sie hatte nämlich nie mehr daran gedacht. Denn als sie dies Versprechen gegeben hatte, war sie noch ein Dummkopf gewesen, und als sie dann zu Verstand gekommen war durch das Geschenk des Prinzen, hatte sie alle ihre Dummheiten vergessen.

Die Prinzessin war noch keine dreißig Schritte weitergegangen, als Riquet mit dem Schopf erschien, prächtig gekleidet und geschmückt, eben wie ein Prinz, der Hochzeit machen will. »Ihr seht, Prinzessin«, sagte er, »daß ich pünktlich mein Wort halte, und ich zweifle nicht, daß Ihr hierhergekommen seid, um das Eure einzulösen. Ihr wollt mir Eure Hand geben und mich zum glücklichsten Menschen der Welt machen.« »Ich gestehe offen«, erwiderte die Prinzessin, »daß ich darüber noch keinen Entschluß gefaßt habe und daß ich nicht glaube, mich jemals so entscheiden zu können, wie Ihr es wünscht.« »Ihr setzt mich in Erstaunen, Prinzessin«, entgegnete Riquet mit dem Schopf. »Das glaube ich wohl«, sprach die Prinzessin, »und wenn ich es mit einem Tölpel zu tun hätte, mit einem Mann ohne Geist und Gefühl, so würde ich in große Verlegenheit geraten: Eine Prinzessin muß ihr Wort halten, würde er sagen, und Ihr müßt meine Frau werden, weil Ihr es mir versprochen habt. Aber da derjenige, mit dem ich spreche, ein Mann von Welt ist mit soviel Geist und Verstand, bin ich sicher, daß er Vernunft annehmen wird. Ihr wißt, sogar als ich noch ein Dummkopf war, konnte ich mich nicht entschließen, Euch zum Mann zu nehmen; wie könnt Ihr erwarten, daß ich heute mit allem Verstand, den ich von Euch erhalten habe, der mir die Wahl noch erschwert, einen Entschluß fasse, den ich damals nicht zu fassen vermochte? Wenn Ihr mich allen Ernstes heiraten wolltet, tatet Ihr sehr unrecht daran, meine Dummheit von mir zu nehmen und mich alles klarer erkennen zu lassen als je zuvor.«

»Wenn ein Mensch ohne Geist und Gefühl berechtigt wäre, Euch Euren Wortbruch vorzuhalten, wie Ihr eben gesagt habt«, erwiderte Riquet mit dem Schopf, »warum wollt Ihr mir das Recht verweigern, gerade hier, wo sich das Glück meines Lebens entscheidet? Ist es denn einzusehen, daß diejenigen, die Geist haben, schlechter gestellt sein sollen als solche, die keinen haben? Wollt gerade Ihr das behaupten, Ihr, die Ihr jetzt so viel Verstand habt, und deren sehnlichster Wunsch es war, ihn zu besitzen? Aber erlaubt, daß wir zur Sache kommen: Gibt es, abgesehen von meiner Häßlichkeit, irgend etwas an mir, das Euch nicht gefällt? Seid Ihr unzufrieden mit meiner Herkunft, mit meinen Geistesgaben, mit meinem Charakter, mit meinem Betragen?» «Durchaus nicht», erwiderte die Prinzessin, »ich liebe an Euch gerade all das, wovon Ihr eben gesprochen habt.« »Wenn es so ist«, fuhr Riquet mit dem Schopf fort, »fehlt nichts zu meinem Glück; denn Ihr könnt mich zum liebenswertesten aller Menschen machen.« »Wie kann das geschehen?« fragte die Prinzessin. »Das kann geschehen, wenn Eure Liebe so stark ist, daß Ihr wünscht, es geschehe. Und damit Ihr nicht daran zweifelt, Prinzessin, wisset: Dieselbe Fee, die mir am Tage meiner Geburt die Gabe verlieh, der Frau, die ich lieben würde, Geist und Verstand zu geben, hat Euch die Gabe verliehen, dem Mann, den Ihr lieben würdet, Schönheit zu schenken.« »Wenn es so ist«, sagte die Prinzessin, »wünsche ich von ganzem Herzen, daß Ihr der schönste und liebenswerteste Prinz von der Welt werdet, und ich schenke Euch von meiner Gabe soviel, wie in meiner Macht steht.«

Kaum hatte die Prinzessin diese Worte ausgesprochen, als Riquet mit dem Schopf in ihren Augen der schönste Mann der Welt zu sein schien, der stattlichste und der liebenswerteste, den sie jemals gesehen hatte.

Es gibt Leute, die behaupten, daß es nicht der Zauber der Fee war, sondern einzig und allein die Liebe, die diese Verwandlung bewirkt habe. Sie sagen, als die Prinzessin die Beharrlichkeit ihres Verehrers, seine Klugheit und alle die Vorzüge seiner Seele und seines Geistes erwogen hätte, habe sie die Mißbildung seines Körpers und die Häßlichkeit seines Gesichts nicht mehr wahrgenommen: sein Buckel erschien ihr nicht größer als der Katzbuckel, den gelegentlich ein stattlicher Mann macht, und sein

Hinken, das sie vorher so schrecklich gefunden hatte, kam ihr nur noch wie eine leichte Neigung zur Seite vor, die sie entzückte. Die Leute sagen auch, daß seine schielenden Augen ihr nun um so leuchtender schienen, und daß diese Entstellung für sie der Ausdruck einer heftigen, übermäßigen Liebe war. Und seine große rote Nase fand sie kriegerisch und heldenhaft.

Wie dem auch sei, die Prinzessin versprach auf der Stelle, ihn zu heiraten, vorausgesetzt, daß ihr Vater, der König, damit einverstanden sei. Der König, der wußte, daß seine Tochter Riquet mit dem Schopf sehr schätzte – der Prinz war ihm übrigens bekannt als ein sehr geistvoller und besonnener Mann – begrüßte ihn mit Freuden als Schwiegersohn. So, wie Riquet mit dem Schopf es vorausgesehen hatte, wurde schon am nächsten Tag die Hochzeit gefeiert, genau nach den Anweisungen, die er lange vorher erteilt hatte.

Moral

Was Ihr in diesem Märchen seht,
ist kein Gebild' der Phantasie,
es ist die Wahrheit selbst:
denn was wir lieben, das ist schön,
und was wir lieben, das hat Geist.

Weitere Moral

Mag die Natur in einem Lebewesen
der Schönheit Züge, ein lebendiges Gemälde
in einem Antlitz schaffen,
wie keine Kunst es je erreichen kann:
so können alle diese Gaben
doch weniger ein fühlend Herz gewinnen
als eine einzige verborg'ne Anmut,
die nur die Liebe offenbart.

G. Doré

DER KLEINE DÄUMLING

Es waren einmal ein Holzfäller und eine Holzfällerin, die hatten sieben Kinder, lauter Jungen. Der Älteste war erst zehn Jahre alt und der Jüngste gerade sieben. Es ist verwunderlich, daß der Holzfäller in so kurzer Zeit so viele Kinder hatte; aber das kam daher, daß seine Frau immer schnell ans Werk ging; sie bescherte ihm nie weniger als zwei auf einmal.

Es waren sehr arme Leute, und ihre sieben Kinder waren ihnen eine rechte Last, weil noch keines von ihnen sein Brot selbst verdienen konnte. Außerdem bedrückte es sie, daß ihr Jüngster sehr zart war und kaum ein Wort sprach. Sie hielten für Dummheit, was in Wirklichkeit ein Zeichen für seinen hellen Verstand war. Er war sehr klein; als er zur Welt gekommen war, war er kaum größer als ein Daumen gewesen. Deshalb wurde er der kleine Däumling genannt. Das arme Kind war der Prügelknabe in der Familie, an allem gab man ihm die Schuld. Dabei war er von allen seinen Brüdern der schlaueste und geriebenste, und wenn er auch wenig sprach, so hörte er um so mehr.

Es kam ein sehr schlimmes Jahr, und die Hungersnot war so groß, daß die armen Leute beschlossen, sich von ihren Kindern zu trennen. Eines Abends, als die Kinder schliefen und der Holzfäller mit seiner Frau am Feuer saß, sprach er zu ihr – und sein Herz drohte zu zerspringen: »Du siehst, daß wir nichts mehr zu essen haben für unsere Kinder. Ich kann sie nicht vor meinen Augen verhungern sehen. Darum will ich sie morgen im Wald aussetzen, das wird das beste sein. Während sie sich damit die Zeit vertreiben, das Reisig zusammenzusuchen, können wir uns heimlich davonmachen.« – »Was!« schrie die Holzfällerin, »du willst wirklich deine eigenen Kinder im Wald aussetzen?« So sehr ihr der Mann auch die Armut vor Augen führte, sie konnte nicht einwilligen: sie war arm, aber sie war doch ihre Mutter.

Als sie daran dachte, welchen Schmerz es ihr bereiten würde, die Kinder Hungers sterben zu sehen, willigte sie schließlich ein und legte sich weinend zu Bett.

Der kleine Däumling hatte alles verstanden, was sie besprachen. Denn als er von seinem Bett aus gehört hatte, worum es ging, war er ganz leise aufgestanden und unter den Schemel seines Vaters geschlüpft, damit er horchen konnte, ohne gesehen zu werden. Dann kroch er wieder ins Bett, aber er

C. MAURAND
G. DORÉ

schlief kaum in dieser Nacht, weil er grübelte, was zu tun wäre. Ganz früh am Morgen stand er auf, lief zum Bach hinunter, füllte seine Taschen mit kleinen weißen Kieselsteinen und kehrte nach Hause zurück. Bald brach die Familie auf, aber der kleine Däumling verriet seinen Brüdern keine Silbe von dem, was er wußte.

Sie gingen in einen ganz dichten Wald, wo auf zehn Schritt Entfernung einer den anderen nicht mehr sehen konnte. Der Vater begann Holz zu schlagen, und seine Kinder lasen das Reisig auf, um es zu bündeln. Als die Eltern sahen, daß die Jungen mit ihrer Arbeit voll beschäftigt waren, entfernten sie sich unbemerkt und liefen schnell auf einem kleinen Seitenpfad davon.

Plötzlich sahen die Kinder, daß sie allein waren. Da fingen sie aus Leibeskräften an zu schreien und zu weinen. Der kleine Däumling ließ sie jammern, denn er wußte, wo der Weg nach Haus zurückführte, weil er mit den kleinen weißen Kieselsteinen aus seiner Tasche die Spur bezeichnet hatte. Also sprach er zu ihnen: »Habt keine Angst, liebe Brüder, Vater und Mutter haben uns hier zurückgelassen, aber ich werde Euch wohlbehalten wieder nach Haus bringen, Ihr braucht mir nur zu folgen.« Sie folgten ihm, und er führte sie auf demselben Waldweg, den sie gekommen waren, nach Haus zurück. Zuerst wagten sie nicht, einzutreten, sondern sie lehnten sich alle an die Haustür, um zu horchen, was ihre Eltern sagten. Als der Holzfäller und seine Frau nach Hause gekommen waren, hatte der Gutsherr ihnen unverhofft zehn Taler geschickt, die er ihnen seit langer Zeit schuldete und mit denen sie nicht mehr gerechnet hatten. Das rettete ihnen das Leben, denn die armen Leute waren schier am Verhungern. Sogleich schickte der Holzfäller seine Frau zum Fleischer. Weil sie so lange nichts gegessen hatte, kaufte sie dreimal soviel Fleisch wie zu einer Mahlzeit für zwei Personen nötig gewesen wäre. Als sie ihren Hunger gestillt hatten, sagte die Holzfällerin: »Ach, wo mögen jetzt unsere armen Kinder sein? Wie gut würde ihnen das schmecken, was hier übriggeblieben ist. Aber du, Wilhelm, wolltest sie loswerden. Ich sagte es dir ja, daß wir es bereuen würden! Was werden sie jetzt machen im Wald? Oh, mein Gott, vielleicht haben die Wölfe sie schon gefressen. Wie unmenschlich bist du, daß du dir deine Kinder so vom Hals geschafft hast!«

Schließlich riß dem Holzfäller die Geduld, denn seine Frau hatte mehr als zwanzigmal wiederholt, daß sie es bereuen würden und daß sie es ja vorher gesagt hätte. Er drohte, sie zu schlagen, wenn sie nicht endlich den Mund hielte. Das heißt nicht, der Holzfäller sei weniger betrübt gewesen als sein Weib, aber sie hatte ihm die Ohren so vollgeschrien, daß er in der gleichen Stimmung war wie viele andere Männer, die solche Frauen sehr lieben, die das Rechte sagen, aber diejenigen ganz unerträglich finden, die es schon immer vorher gesagt haben wollen.

G. Doré
F. Pierdon.

Die Holzfällerin schwamm in Tränen. »Ach, wo mögen jetzt meine Kinder sein, meine armen Kinder?« Einmal sagte sie es so laut, daß die Kinder, die an der Tür standen, es hörten, und da riefen sie alle zusammen: »Hier sind wir! Hier sind wir!« Schnell öffnete sie ihnen die Tür, schloß sie in die Arme und rief: »Wie bin ich froh, Euch wiederzusehen, meine lieben Kinder. Ihr müßt ja todmüde und hungrig sein; Peterle, wie hast du dich schmutzig gemacht, komm, ich will dich waschen.« Peterle war ihr ältester Sohn, den sie mehr als alle anderen liebte, weil er ein wenig rothaarig war, und ihre Haare waren auch ein wenig rot.

Sie setzten sich zu Tisch und aßen mit einem Appetit, der Vater und Mutter Freude machte, und sie erzählten, daß sie solche Angst gehabt hätten im Wald, und alle redeten durcheinander. Die guten Leute waren selig, ihre Kinder wieder bei sich zu haben, und diese Freude dauerte gerade so lange, wie die zehn Taler reichten. Aber als das Geld aufgebraucht war, überfiel sie der alte Kummer wieder, und sie beschlossen, die Kinder abermals auszusetzen, und damit es nicht mißlang, diesmal noch viel tiefer im Wald als das erstemal.

So heimlich sie auch davon sprachen, der kleine Däumling hörte es doch. Er dachte daran, sich ebenso aus der Schlinge zu ziehen wie schon einmal. Aber obwohl er ganz früh am Morgen aufstand, um kleine Kieselsteine zu sammeln, mußte er diesen Plan aufgeben, denn die Haustür war doppelt verriegelt. Er wußte nicht, was er tun sollte. Als aber die Holzfällerin zum Frühstück jedem Kind eine Scheibe Brot gab, fiel ihm ein, daß er anstelle der Kieselsteine unterwegs Brotkrumen streuen könnte; so steckte er sein Brot in die Tasche.

Der Vater und die Mutter führten sie an die dichteste und dunkelste Stelle des Waldes. Kaum waren sie dort angelangt, machten die beiden sich auf einem verborgenen Pfad davon und ließen die Kinder allein zurück. Der kleine Däumling grämte sich nicht weiter darüber, denn er glaubte, den Weg leicht zurückzufinden, weil er überall Brotkrumen gestreut hatte, wo er entlanggegangen war. Doch welche Überraschung! Er konnte kein einziges Krümchen wiederfinden! Die Vögel hatten alles aufgepickt. Da waren die Kinder verzweifelt, denn je weiter sie liefen, um so mehr verirrten sie sich und kamen immer tiefer in den Wald hinein. Es wurde Nacht, ein Sturm erhob sich, und entsetzliche Angst überfiel sie. Sie glaubten von allen Seiten das Heulen der Wölfe zu hören, die sie fressen wollten. Kaum wagten sie zu sprechen oder auch nur den Kopf zu wenden. Plötzlich prasselte ein Regen hernieder, der sie bis auf die Haut durchnäßte. Bei jedem Schritt rutschten sie aus und fielen hin. Sie standen ganz schmutzig wieder auf und wußten nicht mehr aus noch ein. Der kleine Däumling kletterte in den Wipfel eines Baumes, um Ausschau zu halten. Als er so nach allen Seiten spähte, entdeckte er ganz in

F. Pierdon

der Ferne hinter dem Wald einen schwachen Lichtschein wie von einer Kerze. Er kletterte vom Baum herunter, aber von unten konnte er keinen Schimmer mehr sehen. Das machte ihn mutlos. Als er jedoch einige Zeit mit seinen Brüdern in die Richtung gelaufen war, wo er das Licht gesehen hatte, sah er es wieder, als sie aus dem Wald herauskamen. Zu ihrem großen Schrecken verloren sie jedesmal, wenn der Weg durch eine Mulde führte, das Licht aus den Augen. Aber endlich gelangten sie zu dem Haus, wo die Kerze leuchtete. Sie klopften an die Tür, und eine freundliche Frau öffnete ihnen und fragte nach ihrem Begehr. Der kleine Däumling sagte, sie seien arme Kinder, die sich im Walde verirrt hätten und die um ein Nachtlager bäten, um der Barmherzigkeit willen. Als die Frau sie da alle so niedlich stehen sah, begann sie zu weinen und sagte zu ihnen: »Ach, ihr armen Kinder! Wohin seid ihr geraten! Wißt ihr nicht, daß dies das Haus eines Ogers ist, der kleine Kinder verschlingt?«
»Ach, liebe Frau», antwortete ihr der kleine Däumling, der genau wie seine Brüder am ganzen Leibe zitterte, »was sollen wir nur machen? Wenn Ihr uns nicht einlaßt, fressen uns ganz sicher die Wölfe heute nacht; und dann ist es immer noch besser, der gnädige Herr frißt uns. Vielleicht verschont er uns, wenn Ihr ihn sehr darum bittet.«
Die Frau des Ogers hoffte, sie bis zum nächsten Morgen vor ihrem Mann verbergen zu können. Sie ließ sie hereinkommen und sich am Feuer wärmen, das hell loderte; denn es steckte ein ganzer Hammel am Spieß für die Mahlzeit des Ogers.
Als sie nun gerade warm wurden, hörten sie drei oder vier gewaltige Schläge gegen die Tür: Es war der Oger, der zurückkam. Schnell steckte die Frau die Kinder unter das Bett, dann öffnete sie die Tür. Der Oger fragte als erstes, ob das Nachtmahl fertig und der Wein gezapft sei und setzte sich auch schon zu Tisch. Der Hammel war noch ganz blutig, aber um so leckerer erschien er ihm. Er schnupperte nach rechts und nach links und sagte: »Ich rieche frisches Fleisch.« »Das muß das Kalb sein, das ich gerade zugerichtet habe«, sagte die Frau. »Ich rieche frisches Fleisch, sage ich dir noch einmal«, wiederholte der Oger und sah seine Frau argwöhnisch an; »hier ist irgend etwas, von dem ich nichts weiß.« Bei diesen Worten erhob er sich vom Tisch und ging geradenwegs zu dem Bett. »Ah«, schnaubte er, »du willst mich hinters Licht führen, verfluchtes Weib. Ich weiß gar nicht, warum ich dich nicht auch schon längst gefressen habe. Dein Glück, daß du so eine alte Ziege bist! Aber dieses junge Wild kommt mir gerade recht. Ich werde meine drei Ogerfreunde, die mich in den nächsten Tagen besuchen wollen, damit bewirten.«
Er zerrte die Kinder eins nach dem andern unter dem Bett hervor. Die Ärmsten warfen sich auf die Knie und flehten um Gnade. Aber sie hatten es mit dem grausamsten aller Oger zu tun, der überhaupt

kein Mitleid kannte, sondern sie schon mit den Augen verschlang und seiner Frau sagte, sie würden Leckerbissen sein in einer guten Brühe.

Schon nahm er ein großes Messer, wetzte es an einem langen Stein, den er in seiner linken Hand hielt, und näherte sich den Kindern. Eines hatte er bereits gepackt, als seine Frau ihn fragte: »Warum wollt Ihr das jetzt machen? Habt Ihr nicht morgen früh Zeit genug?« »Schweig«, erwiderte der Oger, »sie werden morgen um so mürber sein.« »Aber Ihr habt ja noch so viel Fleisch«, entgegnete seine Frau, »da ist ein Kalb, zwei Hammel und ein halbes Schwein.« – »Du hast recht«, sagte der Oger, »gib ihnen gut zu essen, damit sie nicht abmagern, und bring sie zu Bett!«

Die gute Frau war außer sich vor Freude und brachte ihnen viel zu essen, aber sie konnten keinen Bissen herunterkriegen, so groß war ihre Angst. Der Oger setzte sich wieder vor seinen Wein, begeistert, daß er seinen Freunden so etwas Gutes anbieten könne. Er leerte ein Dutzend Gläser mehr als gewöhnlich; das stieg ihm zu Kopf und zwang ihn, sich schlafen zu legen.

Der Oger hatte sieben Töchter, die noch klein waren. Diese Ogerlein hatten alle eine wunderschöne Hautfarbe, weil sie so viel frisches Fleisch aßen, genau wie ihr Vater; aber sie hatten kleine, graue Augen, die ganz rund waren, eine krumme Nase und einen sehr großen Mund mit langen spitzen Zähnen, die weit auseinanderstanden. Noch waren sie nicht sehr böse, aber sie versprachen es zu werden; denn sie bissen bereits kleine Kinder und saugten ihnen das Blut aus. Man hatte sie früh schlafen geschickt, und alle sieben lagen in einem großen Bett, jede mit einer goldenen Krone auf dem Kopf. In demselben Zimmer stand noch ein anderes Bett, das genauso groß war. In dieses Bett packte die Frau des Ogers die sieben kleinen Jungen, und dann legte sie sich selbst neben ihren Mann schlafen.

Dem kleinen Däumling war nicht entgangen, daß die Töchter des Ogers goldene Kronen auf dem Kopf hatten, und weil er fürchtete, der Oger könnte bereuen, daß er sie nicht gleich am selben Abend geschlachtet hätte, stand er gegen Mitternacht auf, nahm die Mützen seiner Brüder und seine eigene und setzte sie ganz behutsam den Töchtern des Ogers auf den Kopf, nachdem er ihnen ihre goldenen Kronen abgenommen hatte. Die setzte er seinen Brüdern und sich selber auf, damit der Oger sie für seine Töchter hielt und seine Töchter für die Jungen, die er umbringen wollte. Es kam so, wie der kleine Däumling es sich gedacht hatte: Als der Oger um Mitternacht erwachte, bedauerte er, daß er für den nächsten Tag aufgeschoben hatte, was er noch am Abend hätte erledigen können. Jäh wälzte er sich aus dem Bett und ergriff sein großes Messer: »Mal sehen«, sagte er, »wie es unseren kleinen Schlingeln geht; machen wir's kurz.«

Im Finstern tappte er in das Zimmer seiner Töchter und näherte sich dem Bett, worin die kleinen

PISAN

G. Doré
H. PISAN

Jungen lagen. Alle schliefen, nur der kleine Däumling nicht, denn er hatte schreckliche Angst, als er fühlte, wie die Hand des Ogers ihm über den Kopf strich, genau wie seinen Brüdern. Als nun der Oger die Goldkronen berührte, sagte er: »Da hätte ich beinahe etwas Schönes angerichtet, ich muß wohl gestern abend zuviel getrunken haben.« Dann ging er zum Bett seiner Töchter, wo er die kleinen Mützen der Jungen fühlte: »Ah, da sind sie ja, unsere Bürschlein«, sagte er, »frisch ans Werk!« Mit diesen Worten schnitt er, ohne sich lange zu besinnen, seinen sieben Töchtern die Kehle durch. Tief befriedigt über seine Tat legte er sich wieder neben seine Frau schlafen.

Kaum hörte der kleine Däumling den Oger schnarchen, da weckte er seine Brüder und befahl ihnen, sich ganz schnell anzuziehen und ihm zu folgen. Vorsichtig stiegen sie in den Garten hinunter und kletterten über die Mauer. Sie rannten fast die ganze Nacht hindurch, immer noch zitternd und ohne zu wissen, wohin.

Als der Oger aufgewacht war, sagte er zu seiner Frau: »Geh nach oben und mache die kleinen Burschen von gestern abend zurecht.« Die Frau des Ogers war sehr verwundert über die plötzliche Menschenfreundlichkeit ihres Mannes. Sie wußte ja nicht, was er unter ‚Zurechtmachen' verstand und glaubte, sie solle sie ankleiden. Sie stieg hinauf und war sehr bestürzt, als sie ihre sieben Töchter mit durchschnittenen Kehlen in ihrem Blute liegen sah.

Sie fiel in Ohnmacht (denn das ist der erste Ausweg, den fast alle Frauen bei ähnlichen Gelegenheiten benutzen). Der Oger fand, seine Frau brauche zu lange, um die Arbeit, die er ihr aufgetragen hatte, zu erledigen und stieg hinauf, um ihr zu helfen. Er war nicht weniger bestürzt als sie über den schrecklichen Anblick, der sich ihm bot. »Oh, was habe ich getan!« brüllte er, »das sollen sie mir büßen, die erbärmlichen Wichte, und zwar auf der Stelle.«

Sogleich schüttete er seiner Frau einen Topf voll Wasser ins Gesicht, und als er sie dadurch wieder zu sich gebracht hatte, sagte er: »Gib mir schnell meine Siebenmeilenstiefel, damit ich sie einhole und fange!« Er stürzte hinaus, und nachdem er in allen Richtungen hin und her gerannt war, kam er endlich auf den Weg, wo die armen Kinder liefen, die nur noch hundert Schritte von ihrem Elternhaus entfernt waren. Sie sahen den Oger von Berg zu Berg laufen und Flüsse überqueren, so leicht, als seien es kleinste Bäche. Der kleine Däumling entdeckte dort, wo sie gerade waren, eine Felsenhöhle und versteckte seine Brüder darin. Er schlüpfte auch hinein und beobachtete genau, was der Oger trieb. Der Oger, erschöpft von den langen vergeblichen Wegen, denn Siebenmeilenstiefel machen sehr müde, wollte sich ausruhen, und zufällig setzte er sich genau auf den Felsen, unter dem sich die kleinen Jungen versteckt hielten.

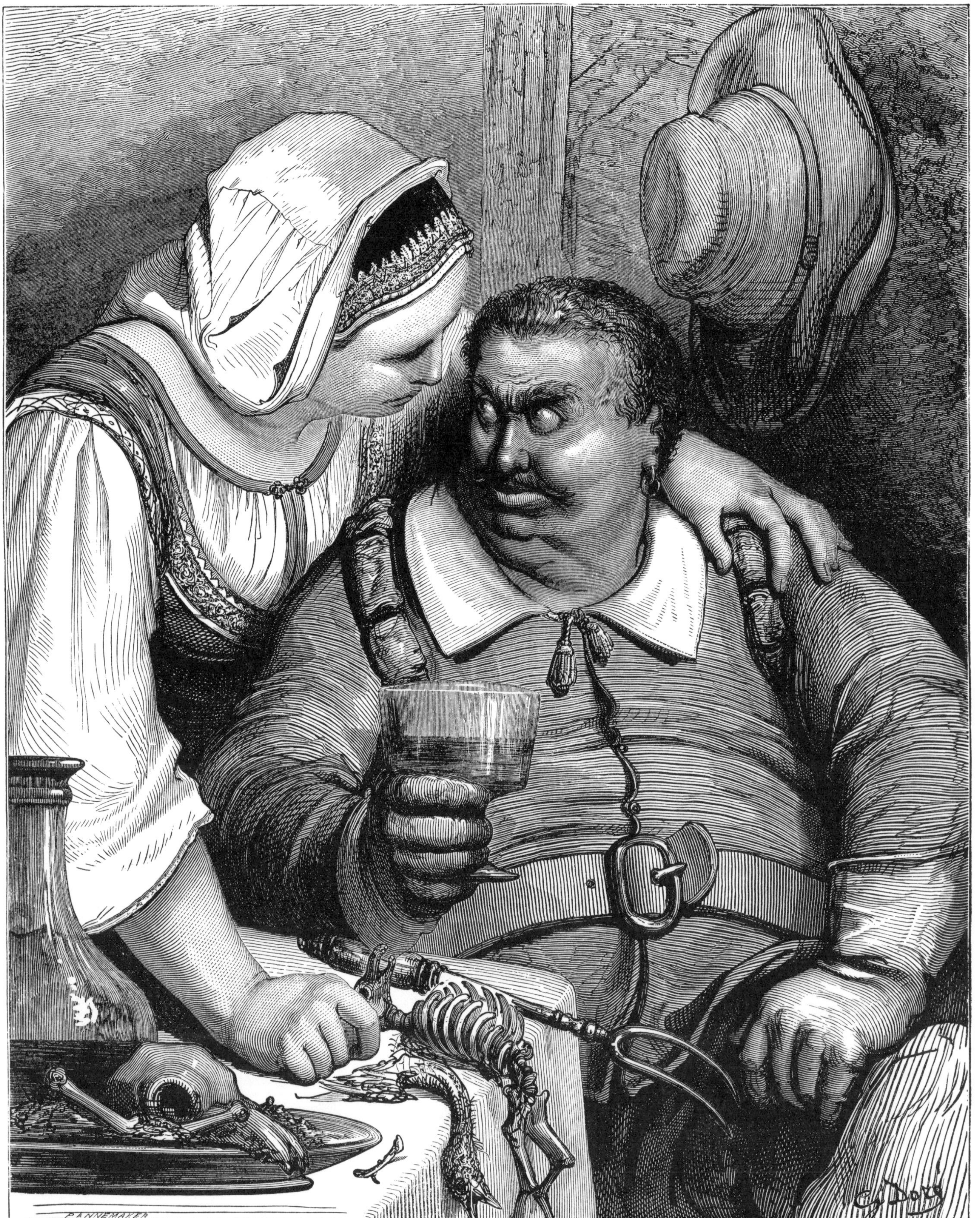
PANNEMAKER

Da ihn die Müdigkeit übermannte, schlief er ein. Nach einiger Zeit fing er so schrecklich zu schnarchen an, daß die armen Kinder nicht weniger Furcht hatten als gestern, da er ihnen mit seinem großen Messer die Kehlen durchschneiden wollte. Der kleine Däumling fürchtete sich nicht so sehr und sagte zu seinen Brüdern, sie sollten schleunigst heimlaufen, solange der Oger noch fest schlafe; um ihn brauchten sie sich keine Sorgen zu machen. Sie befolgten seinen Rat und waren bald zu Haus.

Der kleine Däumling machte sich an den Oger heran, zog ihm behutsam die Stiefel aus und zog sie sich selbst an. Die Stiefel waren ihm viel zu weit und zu lang, aber da es Zauberstiefel waren, hatten sie die Eigenschaft, groß oder klein zu werden, je nach dem Bein desjenigen, der sie anzog. So paßten sie ihm auch ganz genau im Fuß und im Schaft, als wenn sie für ihn gemacht worden wären. Geradenwegs lief er zu dem Haus des Ogers und fand dort die Frau weinend bei ihren umgebrachten Töchtern. »Euer Mann«, sagte der kleine Däumling zu ihr, »ist in großer Gefahr; er wurde von einer Räuberbande gefangen, und sie haben beschlossen, ihn zu töten, wenn er ihnen nicht all sein Gold und sein Silber gäbe. Gerade als sie ihm den Dolch an die Kehle setzten, entdeckte er mich und bat mich, Euch seine Lage zu schildern und Euch zu sagen, Ihr möchtet mir all seine Schätze geben, ohne etwas zurückzuhalten, weil die Räuber ihn andernfalls ohne Erbarmen töten werden. Und da es so sehr eilt, wollte er, daß ich seine Siebenmeilenstiefel anziehe, um keine Zeit zu versäumen, und auch, damit Ihr nicht glaubt, ich sei ein Betrüger.«

Die arglose Frau war sehr erschrocken, denn dieser Oger war der beste Ehemann, obwohl er kleine Kinder fraß; sofort gab sie ihm alles, was sie besaß, und das war nicht wenig. Mit allen Schätzen des Ogers beladen, kehrte der kleine Däumling in sein Vaterhaus zurück, wo er jubelnd empfangen wurde.

Es gibt sehr viele Leute, die mit diesem Ausgang der Geschichte nicht einverstanden sind, und die behaupten, der kleine Däumling habe niemals den Oger bestohlen: In Wahrheit habe er ihm nur die Siebenmeilenstiefel weggenommen, worüber er sich keine Gewissensbisse zu machen brauchte, weil der Oger sie doch nur benutzte, um kleine Kinder einzufangen. Diese Leute versichern, es aus zuverlässiger Quelle zu wissen, denn sie hätten sogar in dem Haus des Holzfällers gegessen und getrunken. Sie behaupten auch, der kleine Däumling sei in den Siebenmeilenstiefeln an den Hof des Königs geeilt, weil er wußte, daß man in großer Sorge war um eine Armee, die zweihundert Meilen von dort entfernt eine Schlacht geliefert habe, über deren Ausgang man noch im Ungewissen war. Sie sagen, der kleine Däumling habe den König aufgesucht und sich erboten, ihm noch vor Ende des Tages neue Kunde von dem Heer zu bringen. Der König versprach ihm eine große Summe, wenn ihm das

gelänge. Noch am selben Abend überbrachte der kleine Däumling die ersehnte Nachricht, und dieser erste Lauf machte ihn so berühmt, daß er alles, was er verlangte, bekam.
Der König belohnte ihn fürstlich für seine Kurierdienste. Unzählige Damen haben ihm gegeben, was er begehrte, damit er ihnen eine Nachricht von ihren Liebhabern überbringe. Und das war seine beste Einnahmequelle. Es gab auch einige Frauen, die ihn beauftragten, ihren Ehemännern Briefe zu bringen, aber sie zahlten so wenig, daß es unter seiner Würde war, diese Summen als Einnahme überhaupt zu rechnen.
Nachdem er so einige Zeit den Beruf des Kuriers ausgeübt und sich damit ein großes Vermögen erworben hatte, kehrte er zu seinem Vater zurück. Man kann sich die Freude nicht vorstellen, mit der er zu Hause empfangen wurde. An seinem Wohlstand ließ er die ganze Familie teilhaben. Für seinen Vater und für seine Brüder kaufte er neugeschaffene Ämter. Er versorgte sie alle und betrieb gleichzeitig sein Hofamt mit dem größten Erfolg.

MORAL

Es freut sich der, der viele Kinder hat,
wenn sie nur hübsch und stattlich sind
und sich ein jedes sehen lassen kann.
Ist aber eines schwächlich unter ihnen,
bringt es kein Wort heraus,
verachtet man's, verlacht's und quält es sehr.
Und doch ist's manchmal gerade so ein Knirps,
der dann den Seinen großes Glück beschert.

ESELSHAUT

An Madame la Marquise de L ...

Man kennt die Menschen von geziertem Wesen,
mit niemals lächelndem Gesicht,
die gar nichts dulden, billigen und schätzen
als was erhaben ist und feierlich.
Ich aber wage zu behaupten,
daß der vollkommne Geist
zuweilen – ohne zu erröten –
sogar am Puppenspiel sich freuen kann;
denn es gibt Zeiten, es gibt Orte,
wo das Gewichtige, das Ernste
nicht mehr gilt als ein angenehmer Scherz.
Soll man sich da nun wundern,
daß die erhabenste Vernunft
– oft überdrüssig ihres steten Wachens –
auch glücklich ist, sich einzuwiegen
mit einem Märchenspiel von Ogern und von Feen?
Drum fürchte ich den Tadel nicht,
hier meine Mußestunden zu verschwenden,
und will beginnen, Euch zur puren Freude,
das Märchen von der »Eselshaut«
in aller Breite zu erzählen.

Es war einmal ein König, der mächtigste auf der Welt. Er war huldvoll im Frieden und schrecklich im Krieg, ein unvergleichlicher König. Seine Nachbarn fürchteten ihn, in seinen Ländern herrschte Ruhe, und überall unter seinen Siegesfittichen blühten die Tugenden und die schönen Künste. Seine Gemahlin, die treue Gefährtin, war so liebreizend und schön, so fügsam und sanft, daß er an ihrer Seite mehr noch ein glücklicher Ehegemahl als ein glücklicher König war. Ihrer zärtlichen und reinen Ehe entsproß eine Tochter mit so vielen Tugenden, daß sie sich leicht trösteten, keine weiteren Nachkommen zu haben.

In seinem riesigen Palast sah man nur Pracht und Prunk, überall schwärmten Höflinge und Lakaien in Scharen umher. Im Marstall des Königs standen große und kleine Pferde aller Rassen. Sie waren bedeckt mit schönen Schabracken, steif vor Gold und Stickerei. Aber was jedermann, der eintrat, überraschte, war ein stattlicher Esel, der an bevorzugtem Platz seine langen Ohren zur Schau stellte. Diese Ungebühr überrascht Euch, aber wenn Ihr seine unvergleichlichen Vorzüge kennenlernt, werdet Ihr die Ehre, die man ihm erwies, nicht übertrieben finden: Die Natur hatte ihn so sauber geschaffen, daß er niemals eine Unreinlichkeit fallen ließ, sondern die schönsten Silbertaler und Goldmünzen aller Art; jeden Morgen, wenn der Esel erwachte, las man sie von seiner sauberen Streu auf. Aber da der Himmel es manchmal überdrüssig ist, die Menschen glücklich zu machen, und seinem Segen immer auch Mißgeschick beimischt wie Regen dem Sonnenschein, so ließ er es zu, daß mitten in ihren schönsten Tagen plötzlich eine unerbittliche Krankheit die Königin befiel. Überall suchte man Hilfe, aber weder die hochgelehrten Ärzte noch die umherziehenden Quacksalber konnten den Brand eindämmen, den das unaufhaltsam steigende Fieber schürte.

Als ihre letzte Stunde gekommen war, sagte die Königin zum König, ihrem Gemahl: »Ich verlange von Euch ein Versprechen, ehe ich sterbe. Solltet Ihr Lust verspüren, Euch wieder zu vermählen, wenn ich nicht mehr sein werde ...« »Oh, diese Sorgen sind überflüssig«, unterbrach sie der König, »nie im Leben werde ich daran denken, darüber seid beruhigt.« »Das glaube ich gern«, erwiderte die Königin, »Eure heftige Liebe bezeugt es mir; aber, um ganz sicher zu sein, verlange ich Euren Schwur. Jedoch ein Zugeständnis soll ihn mildern: Wenn Ihr einer Frau begegnet, die schöner, anmutiger und klüger ist als ich, so könnt Ihr ohne Bedenken Euer Wort geben und Euch mit ihr vermählen.« Im Vertrauen auf ihre Reize sah sie in einem solchen Versprechen den mit List gewonnenen Schwur, daß er sich nie wieder verheiraten würde.

Der König, in Tränen aufgelöst, beschwor alles, was die Königin verlangte. Sie starb in seinen Armen, und niemals hat ein Ehemann solch ein Klagegeschrei erhoben. Da man ihn Tag und Nacht

G Doré
Boetzel

schluchzen hörte, glaubte man, seine Trauer könne nicht von Dauer sein, er weine seiner verblichenen Liebe nach wie ein Mann, der es eilig habe, diese Sache hinter sich zu bringen.
Man täuschte sich nicht: Schon nach wenigen Monaten wollte der König sich wieder eine Frau wählen. Aber das war nicht leicht; er mußte den Schwur halten, und die neue Gemahlin sollte mehr Liebreiz und Anmut besitzen als die, deren Grabmal man eben errichtet hatte. Weder bei Hof, wo es viele Schönheiten gab, noch in Stadt und Land, auch nicht in den benachbarten Königreichen, in die er Boten schickte, konnte man eine solche Frau für ihn finden. Einzig und allein die Prinzessin war schöner und besaß gewisse zarte Reize, die selbst ihre verstorbene Mutter nicht gehabt hatte. Der König bemerkte es auch und entbrannte in so heftiger Liebe, daß er besessen war von dem Wunsch, sie zu heiraten. Er fand sogar einen Geistlichen, der meinte, daß der Fall sich begründen ließe.
Aber die junge Prinzessin war tiefbetrübt, als sie von dieser Liebe erfuhr, und klagte und weinte Tag und Nacht. Die Seele voll mit tausendfachem Kummer, suchte sie ihre Patin auf in einer abgelegenen Grotte, die mit Perlmutter und Korallen kostbar ausgestattet war. Die Patin war eine wundervolle Fee, wie es keine zweite gab. Es erübrigt sich, Euch zu sagen, was in jenen glückseligen Zeiten eine Fee war, denn ich bin sicher, daß Eure Amme es Euch schon in frühester Jugend erzählt hat. »Ich weiß, weshalb Ihr zu mir kommt«, sagte die Fee, als sie die Prinzessin sah, »ich kenne die Trauer Eures Herzens. Aber an meiner Seite braucht Ihr keine Sorge mehr zu haben. Nichts kann Euch Unglück bringen, wenn Ihr meinen Rat befolgt. Es ist wahr, Euer Vater möchte Euch heiraten; sein wahnwitziges Begehren zu erfüllen, wäre eine schwere Sünde, aber Ihr könnt Euch ihm entziehen, ohne ihm zu widersprechen.
Sagt ihm, er müsse zuerst Eure Wünsche erfüllen, bevor Euer Herz sich seiner Liebe hingäbe. Wünscht Euch ein Gewand, das soll leuchten wie der blaue Himmel. Trotz all seiner Macht und all seinem Reichtum, und obwohl er in der Gunst der Himmlischen steht, wird er niemals solch einen Wunsch erfüllen können.«
Sogleich suchte die Prinzessin ihren verliebten Vater auf und sagte ihm zitternd ihre Bedingung. Der König beauftragte die berühmtesten Schneider, unverzüglich ein Gewand zu nähen, das wie der blaue Himmel leuchten sollte. Wenn sie ihn aber zu lange warten ließen, könnten sie sicher sein, daß sie alle aufgehängt würden. Noch ehe der nächste Morgen dämmerte, brachte man ihm das gewünschte Gewand. Das schönste Blau des Himmels, wenn es von goldenen Wolken umrahmt ist, leuchtet nicht herrlicher. Die Prinzessin war überwältigt von Freude und Schmerz, sie fand keine Worte und wußte nicht, wie sie sich nun ihrer Verpflichtung entziehen sollte. Da flüsterte die Patin ihr zu: »Prinzessin,

PISAN

wünscht Euch ein Gewand, das noch glänzender und ungewöhnlicher ist als dieses. Es soll schimmern wie der Mond. Das kann er Euch nicht geben.«

Kaum hatte die Prinzessin diesen Wunsch ausgesprochen, als der König zu seinem Hofsticker sagte: »Stickt mir ein Gewand, das silberner schimmert als der Mond, und in vier Tagen muß es fertig sein.«

Das kostbare Gewand war am festgesetzten Tag so gestickt, wie der König es vorgeschrieben hatte. Der Mond am Himmel, wenn die Nacht ihre Flügel ausbreitet, ist in seinem Silberkleid weniger prächtig, selbst wenn auf der Höhe seiner vorgeschriebenen Bahn in seiner strahlenden Klarheit die Sterne verblassen. Als die Prinzessin dieses herrliche Gewand sah, war sie fast entschlossen, des Königs Begehren zu erfüllen. Aber auf den Rat ihrer Patin sagte sie zu dem verliebten König: »Ich werde erst glücklich sein, wenn ich ein Gewand besitze, das noch glänzender ist. Es soll strahlen wie die Sonne.«

Der König, der sie mit einer Liebe ohnegleichen begehrte, ließ sofort einen berühmten Edelsteinschleifer kommen und befahl ihm, einen wundervollen Stoff aus Gold und Diamanten zu wirken und drohte, er würde ihn eines qualvollen Todes sterben lassen, wenn er ihn nicht restlos zufriedenstelle. Dieser Mühe wurde der König enthoben, denn der kunstfertige Edelsteinschleifer ließ ihm, noch ehe die Woche vergangen war, die kostbare Arbeit bringen. Das Gewand war so schön, so gleißend, so strahlend, daß das Feuer der Sonne, wenn sie in ihrem goldenen Wagen über das Himmelsgewölbe fährt, nicht blendender die Augen trifft. Diese Gabe verwirrte die Prinzessin völlig; sie konnte ihrem Vater, dem König, nichts mehr erwidern. Gleich nahm die Patin sie bei der Hand und flüsterte ihr ins Ohr: »Man darf nicht auf halbem Weg stehenbleiben; ist es ein so großes Wunder, daß Ihr alle diese Gaben von ihm erhalten habt, da er doch, wie Ihr wißt, den Esel besitzt, der unaufhörlich mit Goldtalern seine Kassen füllt? Wünscht Euch die Haut dieses außergewöhnlichen Tieres. Da es die Quelle seines Reichtums ist, werdet Ihr die Haut nicht bekommen, oder mein Rat ist schlecht.«

Obwohl diese Fee sehr weise war, wußte sie nicht, daß glühende Liebe Silber und Gold opfert, um zum Ziel zu gelangen. Die Haut des Esels wurde der Prinzessin sofort bewilligt, kaum daß sie darum gebeten hatte. Als man sie ihr brachte, erschrak sie fürchterlich und beklagte bitter ihr Los.

Da stand die Patin plötzlich neben ihr und gab ihr zu verstehen, wenn man das Rechte tue, brauche man sich niemals zu fürchten. Sie müsse den König in dem Glauben lassen, daß sie bereit sei, ihn zum Gemahl zu nehmen. Gleichzeitig solle sie aber allein und geschickt verkleidet in irgendein fernes Land flüchten, damit sie dem drohenden Unheil entgehe.

»Hier ist eine kleine Truhe«, fuhr sie fort, »in die wir alle Eure Gewänder hineinlegen, Euren Spiegel, Euren Schmuck, Eure Diamanten und Rubinen. Auch meinen Zauberstab gebe ich Euch: wenn

Ihr ihn in der Hand haltet, wird die Truhe, unter der Erde verborgen, Eurem Weg immer folgen. Wenn Ihr sie öffnen wollt, braucht Ihr nur mit dem Zauberstab die Erde zu berühren, und sogleich wird sie sich vor Euren Augen auftun. Die Eselshaut ist eine wunderbare Verkleidung, die Euch unkenntlich macht. Verhüllt Euch gut mit dieser Haut, sie sieht so gräßlich aus, daß keiner glauben wird, sie umschließe etwas Schönes.«

Kaum hatte die Prinzessin vor Tagesanbruch in dieser Verkleidung die weise Fee verlassen, als der König, der sich für das Fest seiner glücklichen Hochzeit rüstete, voller Schrecken sein unglückseliges Los erfuhr. Es gab kein Haus, keine Straße und keinen Weg, wo man nicht sofort gesucht hätte; aber alles war vergebens, niemand konnte ahnen, was aus der Prinzessin geworden war. Tiefer Kummer verbreitete sich überall: keine Hochzeit, kein Festmahl, keine Torten, kein Zuckerwerk! Ganz untröstlich waren die Hofdamen; die meisten ließen das Mittagessen stehen. Aber am größten war die Trauer beim Hofkaplan: er bekam sehr spät sein Frühstück, und, was weit schlimmer war, er mußte auf das hochzeitliche Opfergeld verzichten.

Indessen ging die Prinzessin, das Gesicht mit einer häßlichen Schmutzkruste bedeckt, ihren Weg dahin. Allen Vorübergehenden streckte sie die Hand entgegen und bat um eine Stelle als Dienstmagd. Aber selbst die Anspruchslosesten und Ärmsten, die sie so schmutzig und verkommen sahen, wollten ein so widerwärtiges Geschöpf nicht anhören und erst recht nicht unter ihrem Dach aufnehmen.

Also mußte sie weitergehen, sehr weit und immer noch weiter. Endlich kam sie zu einem Bauernhof, wo die Bäuerin eine Magd brauchte, die die Schmutzlumpen spülte und die Schweinetröge saubermachte. Man steckte sie in einen Winkel hinten in der Küche, wo die Knechte, das freche Gesindel, sie herumstießen, beschimpften und verspotteten; sie konnten ihr gar nicht genug Streiche spielen und quälten sie bei jeder Gelegenheit. Allen war sie eine Zielscheibe für Spott und Hohn. Nur am Sonntag hatte sie ein wenig Ruhe. Wenn sie morgens einige leichtere Arbeiten verrichtet hatte, ging sie in ihre Kammer und verschloß die Tür. Sie wusch sich den Schmutz ab, und dann öffnete sie ihre Truhe, stellte ihre Schminktöpfchen auf und machte sich sorgfältig zurecht. Glücklich und zufrieden zog sie sich vor ihrem hohen Spiegel bald das Mondgewand an, bald das Kleid mit den feurigen Sonnenstrahlen, bald das herrliche blaue Gewand, das schöner war als das leuchtende Blau des Himmels und bedauerte nur, daß sie in der kleinen Kammer ihre Schleppe nicht ausbreiten konnte. Sie genoß es, sich jung und blühend und rein zu sehen und hundertmal schöner als jede andere. Dieses heimliche Vergnügen tröstete sie und gab ihr Kraft bis zum nächsten Sonntag.

Ich vergaß zu berichten, daß auf diesem großen Bauernhof ein hochangesehener und mächtiger König einen Vogelpark eingerichtet hatte. Dort gab es Perlhühner, Sumpfhühner, Berberhühner, Kormorane, Bisamgänse, Zwergtrappen und tausend andere fremdartige Vögel, von denen fast keiner dem anderen glich, und die zehn Gärten bevölkerten.

Der Sohn des Königs besuchte oft diesen bezaubernden Ort, um sich auf der Rückkehr von der Jagd mit seinem Gefolge bei einem kühlen Trunk auszuruhen. So schön wie er war nicht einmal Cephalos. Er sah wahrhaft königlich aus, und vor seiner kampfentschlossenen Erscheinung zitterten selbst die stolzesten Heere. Ganz von Ferne betrachtete ihn Eselshaut voller Zärtlichkeit. Das war kühn und machte ihr bewußt, daß unter dem Schmutz und unter den Lumpen noch immer ein königliches Herz schlug. Sie sagte bei sich: »Wie großartig er aussieht, obwohl er ein bißchen nachlässig gekleidet ist, und wie liebenswert er ist! Wie überglücklich muß die Schöne sein, der sein Herz gehört! In dem einfachsten Gewand, wenn er es mir geschenkt hätte, würde ich mich prächtiger gekleidet fühlen, als in allen, die ich besitze.« Eines Tages, als der Prinz aufs Geratewohl den Vogelpark durchstreifte, kam er auch in den dunklen Gang, wo die armselige Kammer der Eselshaut lag. Zufällig warf er einen Blick durchs Schlüsselloch. Da es ein Festtag war, hatte Eselshaut sich reich geschmückt, und ihr herrliches Gewand aus feinstem Gold und großen Diamanten strahlte heller als die Sonne. Der Prinz betrachtete sie nach Herzenslust, und in seinem übergroßen Glück nahm ihr Anblick ihm fast den Atem. Wie prächtig auch immer ihr Gewand aussah, ihr Antlitz, das schöne Oval, das blasse Rot der Wangen, die edlen Züge und die jugendliche Frische berührten ihn hundertmal mehr. Aber die Hoheit, die sie ausstrahlte, und mehr noch ihre Reinheit, die von einer schönen Seele zeugte, erfüllten ganz sein Herz. In der Feuersglut, die ihn durchströmte, war er dreimal versucht, die Tür einzudrücken; da er aber glaubte, eine Göttin zu sehen, sank ihm dreimal in Ehrfurcht der Arm herab.

Gedankenverloren zog er sich in sein Schloß zurück und seufzte Tag und Nacht. Er wollte auf keinen Ball mehr gehen, obwohl Karnevalszeit war. Er haßte die Jagd, er haßte das Theater, er hatte keinen Appetit mehr, alles tat seinem Herzen weh, und die Wurzel seiner Krankheit war ein tödliches Liebessehnen. Er erkundigte sich, wer diese anbetungswürdige Nymphe sei, die bei dem Vogelpark wohne, am Ende eines häßlichen Ganges, der selbst am hellen Tag stockdunkel sei. Man sagte ihm, das sei Eselshaut, weder Nymphe, noch schön. Und man nenne sie Eselshaut wegen des Felles, das sie umgehängt habe. Sie sei das wahre Heilmittel gegen die Liebe, mit einem Wort, das häßlichste Tier, das es nach dem Wolf gäbe. Man konnte noch soviel reden, er glaubte es nicht. Das Antlitz, das die Liebe gezeichnet hatte, war immer gegenwärtig in seinem Gedächtnis und würde sich niemals auslöschen lassen. Seine Mutter, die Königin, weinte und war in Verzweiflung; er war ihr einziges Kind. Verge-

G. Doré

bens drängte sie ihn, ihr zu erklären, was ihm fehle. Er stöhnte, er weinte, er seufzte und sagte nur, er wünsche, daß Eselshaut ihm mit eigener Hand einen Kuchen backen solle. Und die Mutter begriff nicht, was ihr Sohn damit meinte. »Um Gottes Willen, Königin«, sagte man zu ihr, »diese Eselshaut ist ein schwarzer Maulwurf, noch häßlicher und schlampiger als der schmutzigste Küchenjunge.« »Das macht nichts«, erwiderte die Königin, »es geht darum, meinen Sohn zufriedenzustellen. Nur daran dürfen wir denken.« Seine Mutter hätte ihm auch Gold zu essen gegeben, wenn er Appetit darauf gehabt hätte, so sehr liebte sie ihn.

Eselshaut nahm also Mehl, das sie eigens gesiebt hatte, um den Teig lockerer zu machen, sie nahm Salz, Butter und frische Eier und schloß sich in ihre Kammer ein, um einen besonders guten Kuchen zu machen. Zuerst wusch sie den Schmutz von Händen, Armen und Gesicht, dann nahm sie ein silbernes Mieder, das sie flink zuschnürte, um ihre Arbeit, die sie sogleich begann, würdig zu verrichten. Weil sie ein wenig hastig arbeitete – so wird erzählt – sei zufällig ein Ring von ihrem Finger in den Teig gefallen, einer ihrer kostbarsten. Aber diejenigen, die den Ausgang der Geschichte kennen, versichern, sie habe es absichtlich getan. Und, offengestanden, ich selbst möchte das auch annehmen. Als der Prinz vor ihrer Tür stand und sie durch das Schlüsselloch betrachtete, hatte sie es ganz sicher bemerkt. In diesem Punkt ist jede Frau so begabt, und ihr Auge erfaßt alles so schnell, daß man nicht einen Blick auf sie werfen kann, ohne daß sie es merkt. Außerdem bin ich ganz sicher, und ich würde es beschwören: Eselshaut zweifelte nicht daran, daß ihr junger Liebhaber den Ring erhalten würde. Niemals wurde ein schmackhafterer Teig geknetet als dieser. Und der Prinz fand den Kuchen so gut, daß er in seinem Heißhunger beinah auch den Ring verschlungen hätte. Als er den wundervollen Smaragd im Kuchen entdeckte und den zierlichen Goldreif sah, der zu einem zierlichen Finger gehören mußte, wurde sein Herz von unbändiger Freude bewegt. Er verbarg ihn sofort unter dem Kopfkissen. Weil seine Krankheit sich immer mehr verschlimmerte und die klugen, erfahrenen Ärzte ihn von Tag zu Tag abmagern sahen, stellten sie, dank ihrer großen Gelehrsamkeit, übereinstimmend fest, daß er liebeskrank sei. Da nun die Ehe, was man auch immer dagegen einwenden mag, ein ausgezeichnetes Heilmittel gegen diese Krankheit ist, wurde beschlossen, ihn zu verheiraten.

Er ließ sich einige Zeit bitten, dann sagte er: »Ich bin einverstanden, vorausgesetzt, man gibt mir diejenige zur Frau, auf deren Finger dieser Ring paßt.« Über diesen seltsamen Wunsch waren die Königin und der König höchst überrascht. Da aber der Prinz so sehr krank war, wagten sie nicht, nein zu sagen.

Also begann man, diejenige zu suchen, die – ungeachtet ihrer Herkunft – durch den Ring in so ho-

A PISAN

hen Rang erhoben werden sollte. Es gab keine, die nicht bereit war, ihren Finger vorzuzeigen, keine, die auf dies Recht verzichten wollte.
Als bekannt wurde, daß man einen sehr zierlichen Finger haben müsse, um die Frau des Prinzen zu werden, behauptete jeder Quacksalber, um Einlaß zu finden, er kenne das Geheimnis, einen Finger zierlicher zu machen. Die eine, einer närrischen Eingebung folgend, schabte ihn wie eine Rübe, die andere schnitt ein Stückchen ab, die nächste preßte ihn zusammen und glaubte, daß er so kleiner würde, die vierte ließ mit einem bestimmten Wasser die Haut abweichen, um ihn zu verkleinern; schließlich gab es keinen Kunstgriff mehr, der nicht von einer Dame angewendet worden wäre, um ihren Finger dem zierlichen Ring anzupassen. Bei den jungen Prinzessinnen wurde die Probe begonnen, es folgten die Herzoginnen und Gräfinnen; aber selbst ihre zarten Finger waren zu dick und paßten nicht in den Ring. Auch alle Komtessen und Baronessen und alle Damen von Stand zeigten ihre Hand vergeblich vor. Dann kamen die Putzmacherinnen an die Reihe, deren hübsche kleine Finger – und es gibt darunter sehr wohlgeformte – manchmal in den Ring zu passen schienen. Aber dann war er doch immer zu klein oder zu groß, und wie zum Hohn wies er sie alle zurück.
Schließlich mußten die Dienstboten kommen, die Köchinnen, Stallmägde und Gänsehirtinnen, mit einem Wort, aller Pöbel; mit ihren schmutzigen, roten Pfoten erhofften sie, nicht weniger als die Damen mit ihren zarten Fingern, ein glückliches Schicksal für sich. Und manches Mädchen war darunter, dessen dicker gedrungener Finger ebenso wenig durch den Ring des Prinzen gegangen wäre wie ein Tau durchs Nadelöhr. Man dachte schon, die Ringprobe sei abgeschlossen, denn es blieb wirklich nur noch die arme Eselshaut in der Küche übrig, und wer sollte glauben, der Himmel hätte ausgerechnet sie zum Regieren bestimmt? Der Prinz aber sagte: »Warum nicht? Man lasse sie kommen.« Jeder lächte und platzte laut heraus: »Was soll das heißen, daß man diese schmutzige Spülmagd hier zur Ringprobe hereinläßt!« Aber als sie unter dem schmutzigen Fell eine zierliche Hand hervorstreckte, die wie aus Elfenbein und Purpur schien, und als der schicksalhafte Ring mit einer Genauigkeit ohnegleichen ihren zarten Finger umschloß, war der Hof so überrascht, daß man es sich gar nicht vorstellen kann.
Man wollte sie sofort zum König führen, aber sie bat darum, man möchte ihr Zeit geben, ein anderes Kleid anzuziehen, bevor sie vor ihren Herrn und Gebieter trete. Über dies Kleid, um die Wahrheit zu sagen, lachten schon alle im voraus. Aber als sie im Schloß ankam und in ihrem prunkvollen Gewand, dessen kostbare Schönheit nirgends ihresgleichen hatte, durch die Säle schritt, verstummten alle. Ihr schönes blondes Haar war mit Diamanten besteckt, deren Licht einen funkelnden Strahlen-

kranz bildete. Jeder, den sie so stolz und hoheitsvoll mit ihren großen, blauen, gütigen Augen ansah, war entzückt oder beschämt. Ihre Taille war so schlank, daß sie sich mit beiden Händen umfassen ließ. Ihre begnadete Schönheit und göttliche Anmut stellte alle Hofdamen mit ihrem Schmuck und Liebreiz in den Schatten.

Bei der Freude und dem Jubel aller Versammelten geriet der König schier außer sich über die Schönheit seiner Schwiegertochter. Die Königin war ganz vernarrt in sie, und der Prinz, dessen Seele vor Freude überfloß, wurde vom Glück überwältigt. Jeder machte sich sogleich an die Vorbereitungen für die Hochzeit: der König lud alle anderen Könige ein, die prächtig geschmückt ihre Länder verließen, um diesen großen Tag mitzuerleben. Auf riesigen Elefanten kamen sie aus dem Morgenland, sie kamen von der Küste Afrikas, so schwarz und garstig, daß sie den kleinen Kindern Angst einjagten. Aus allen Teilen der Welt trafen sie ein, und der Hof quoll über von Gästen.

Aber kein Prinz und kein Herrscher erschien in solcher Pracht wie der Vater der Braut, der früher so in sie verliebt gewesen war. Jetzt hatte er kein sündiges Verlangen mehr. Und was von dieser abscheulichen Flamme noch in seiner Seele zurückgeblieben war, hatte nur seine väterliche Liebe noch verstärkt. Als er seine Tochter sah, rief er aus: »Gepriesen sei der Himmel, daß ich dich wiedersehe, mein liebes Kind!« Und er umarmte sie zärtlich unter Freudentränen. Jeder wollte an seinem Glück teilnehmen, und der künftige Ehemann war hocherfreut, zu erfahren, daß er der Schwiegersohn eines so mächtigen Königs würde. In diesem Augenblick erschien die Patin und erzählte die ganze Vorgeschichte; durch ihren Bericht wurde Eselshaut mit Ruhm überschüttet.

Moral

Es ist nicht schwer, den Sinn des Märchens zu erraten:
Ein Kind soll lernen, daß es besser ist,
der schlimmsten Pein sich zu ergeben,
als seiner Pflicht nicht zu gehorchen.
Das Märchen zeigt, wie Tugend wohl ins Unglück führen kann,
doch daß am Ende die Belohnung folgt.
Es zeigt, daß gegen eine unvernünft'ge Liebe
und deren ungestümes Drängen

selbst alle Weisheit nur ein schwacher Schutzwall ist.
Auch führt der Reichtum, den ein Liebender verschwendet,
nicht immer hin zum Ziel;
denn oft ist Wasser schon und Brot
dem Liebenden genügend Nahrung.
Daß es recht schön sei glaubt ein jedes junge Wesen
und jedes weibliche Geschöpf
– vorausgesetzt, es hat genügend Kleider.
Es denkt wohl oft auch still bei sich:
Hätt' es am Streit der Grazien
nur selber teilgenommen,
der goldne Apfel hätte ihm gehört.
Das Märchen von der Eselshaut mag Euch kaum glaubhaft scheinen;
solang jedoch die Welt noch Kinder hat,
Großmütter auch und Mütter, die erzählen,
wird dieses Märchen im Gedächtnis bleiben.

G. Doré
HEBERT SC.

NACHWORT

Die »Contes de Perrault« sind eine der frühesten Märchensammlungen Europas, ein letztes Geschenk des Grand Siècle, der Zeit Ludwigs XIV. Charles Perrault, Beamter, Hofmann und Wissenschaftler, vor allem aber verständnisvoller Erzieher seiner Kinder, schrieb sie im Alter von fast siebzig Jahren. Die meisten dieser Märchen ließ er unter dem Namen seines jüngsten Sohnes erscheinen und widmete sie, nach damaliger Sitte, vornehmen Damen am Hof des Königs.

Jahrhundertealtes Erzählgut verschiedenster Völker ist hier eingefangen und durch eine liebenswürdige, humorvolle Persönlichkeit verwandelt, bereichert, dem Volk wiedergegeben. Als die Brüder Grimm 120 Jahre später ihre wissenschaftlich begründete Sammlung der »Kinder- und Hausmärchen« veröffentlichten, hatten sich in dieses Dokument vermeintlicher »Volkspoesie« auch Perraultsche Märchen mit eingeschlichen, ein wenig verändert, vereinfacht, abgeschliffen nach so langer Wanderschaft, aber an wesentlichen Zügen noch erkennbar.

Die Grenzen zwischen dem, was wir des Autors Einfällen verdanken und dem, was er aus mündlicher Überlieferung schöpfte, sind verschwommen, denn beides hat sich hier zu einer Einheit von Volks- und Kunstmärchen zusammengefügt. Perrault wollte nie das Recht des Erfinders beanspruchen. Seine Vorbilder waren die anonymen Erzählungen der Großeltern, Eltern und Gouvernanten. Auch in den höfischen Salons, in denen Perrault verkehrte, hatten die Damen gerade begonnen, sich solch harmlose, moralisch ein wenig verbrämte Geschichten zu erzählen.

Gehen wir aber einmal den sichtbaren Quellen der Perraultschen Märchenstoffe nach, so erkennen wir, daß bei ihm eine neue Art volkstümlichen Erzählens beginnt. Die alten, oft grausamen Themen und Gestalten, die im Volk weiterlebten, erscheinen jetzt zivilisiert, auf amüsante Weise vergeistigt. Perrault ist nicht der erste Märchenerzähler Europas. Die meisten seiner Themen finden wir schon in zwei populären literarischen Vorbildern, die sich von Italien aus auch auf mündlichem Weg schnell verbreitet hatten. Es sind Straparolas »Ergötzliche Nächte«, die 1550–53 in Venedig erschienen waren, und vor allem das »Pentamerone«, eine novellistische Sammlung europäischer und asiatischer Märchenstoffe, die der temperamentvolle, derbwitzige Neapolitaner Don Basile, ein Geistesbruder Rabelais', 1634–36 niederschrieb. Aber die Gesinnung, die hier waltet, ist eine andere. Aus vitaler, von heftiger Leidenschaft beherrschten Menschenwelt, in der Gutes und Böses eng vermischt sind, erhebt sich Perraults Wunderland mit seinen edlen, wohlgesitteten Heldengestalten.

Basiles Dornröschen zum Beispiel, Talia genannt, ist die Tochter eines reichen Herrn – ohne Götter- oder Feengabe, ohne verzaubertes Schloß und Dornenhecke. In ihrem unbegreiflichen, todesähnlichen Schlaf wird sie von einem unbekannten, leidenschaftlichen König überfallen. Sie erwacht nach der Geburt zweier Kinder, Sonne und Mond, die ihr den Zauber, einen Flachsfaden, aus dem Finger saugen. Der gewissenlose Verführer, der jetzt wieder erscheint, betrügt seine erste Gattin. Die Betrogene verfolgt das ahnungslose Mädchen aus Eifersucht und maßlosen Rachegelüsten. Nachdem ihr Plan mißlingt, wirft der Gatte sie ohne Skrupel ins Feuer, das sie für Talia und deren Kinder bereitet hatte.
Was ist bei Perrault aus dieser Novelle geworden? Alles, was uns seit Kindertagen bezaubert an dem Grimmschen Dornröschen-Märchen und noch mehr: ein Stück höfischer Poesie. Basiles grelle Farben des Allzumenschlichen sind verschwunden, selbst im zweiten Teil, den die deutsche Version schon gar nicht mehr kennt. Die Feen an Dornröschens Wiege verleihen ihr Gaben, von denen jedes junge Mädchen am Hof des Sonnenkönigs, dem Ort der Musen, träumen mußte. Der Prinz ist nicht nur ein wagemutiger, verliebter Märchenheld, er ist auch ein »bonhomme«, ein taktvoller Gast in der »altmodischen« Welt, die er nach hundert Jahren erlösen durfte.
Aber was wären Perraults Märchen ohne die guten Feen, die eigentlichen Beherrscherinnen dieser Wunderwelt? Basile malt sie als schemenhafte Götterwesen, armselige Bettlerinnen oder keifende Weiber. Bei Perrault verwandeln sie sich in mütterlich-nahe Beschützerinnen des Guten, vornehme Richterinnen des Bösen. Die Fee der »Schlafenden Schönen«, die ihrem Zauberwagen mit den feuerspeienden Drachen wie eine Dame der Karosse entsteigt, gibt sich als vorsorgende, praktisch denkende Patin zu erkennen. Und Aschenputtels bürgerliche Fee ist keine ferne Gestalt, die unversehens eingreift wie die Fee in Basiles »Aschkatze«, sondern eine liebenswürdige, einfallsreiche Tante, die ihren Schützling mithelfen läßt bei den Überraschungen ihrer heiteren Verwandlungkünste.
Noch eine neue Gestalt führt Perrault ein: den Oger, der neben anderen negativen Figuren, eitlen, hoffärtigen Schwestern, ungerechten Stiefmüttern, zum eigentlichen Inbegriff des Bösen wird. Oger sind keine gewöhnlichen Menschenfresser; in übersteigerter Widernatürlichkeit haben sie sich auf kleine Kinder spezialisiert. Fernab von unserem Mitgefühl rückt die grausame Gestalt, die den Märchenhelden bedroht. Hier nur dürfen sich Perraults Humor, seine feine, nie verletzende Ironie zur drastischen Karikatur steigern. Das Böse wird zur Zielscheibe des Gelächters, denn es ist, in Perraults höfischer Sprache, zugleich das in jeder Weise Anstößige, gesellschaftlich Tadelnswerte. Das wird am deutlichsten in der Ogergestalt des dummen, ungehobelten Haustyrannen, der durch den kleinen, pfiffigen Däumling besiegt wird. Durch diesen winzigen Helden mit dem großen Verstand, ein Lieblingskind des »esprit gauloise«, dringt ein neuer Ton beschwichtigender Heiterkeit in das Märchen ein. Dem Däumling überträgt Perrault die Vermittler-Rolle zwischen der Oger-Satire und dem

alten, in eine menschliche Tragödie verwandelten Motiv von den ausgesetzten Kindern. Däumlings Botentätigkeit am Hof schließlich bereichert die Handlung um einen zweiten Schluß, der diese bewegte, kontrastreiche Erzählung im heiter-ironischen Kunstmärchenton ausklingen läßt.
Eine andere Nuance des Perraultschen Humors entfaltet sich in den komödiantischen Späßen des Meisters Kater. Der höfische Luxus seiner Stiefel wird zum Ausdruck seiner Eleganz und seines praktischen Sinns. Schon Straparola und Basile kannten die Geschichte von der schlauen »Katze«. Dort ist es ein hilfreicher Geist weiblichen Geschlechts, ohne Putz und Stiefel, der schließlich, um den verdienten Lohn betrogen, schimpfend über die Ungerechtigkeit der Menschen ins Unbekannte entflieht. Perrault hat dieses Thema erzählerisch neu ausgestaltet und dramatisiert in farbigen, psychologisch fein durchdachten Szenen, von denen die Überlistung des reichen Zauberers (der dazu noch ein Oger sein muß!) wohl der originellste Einfall ist.
In stärkstem Gegensatz zu den schwankhaften Komödien des Katers steht die düstere, balladenhafte Dramatik des »Blaubart«, die vorbildlich wurde für alle späteren Fassungen. Es ist offenkundig, warum gerade dieses Märchen in der Folgezeit die meisten Bühnenbearbeitungen erfuhr. Aber noch eine weitere Möglichkeit dramatischer Gestaltung beherrscht Perrault: den Konversationsstil des höfischen Theaters, der aus der klassischen Zeit der französischen Literatur erwuchs. Er bestimmt das einzige Kunstmärchen Perraults, den »Riquet«. Wenn wir dieses Salon-Stück mit seinen esprit-gewürzten Dialogen dem volkstümlichsten seiner Märchen, dem Rotkäppchen gegenüberstellen, wird uns die Spannweite der Perraultschen Erzählkunst offenbar. Schon lange vor der Entstehung der Geschichte skizzierte Perrault das Thema des »Riquet«: Zauberische Verwandlung durch die Macht der Liebe. Ein altes Märchenmotiv vom Tier-Kind, das erlöst wird – wie in der berühmten Geschichte von La Belle et la Bête –, klingt hier an. Von Riquet heißt es anfangs: »... er war so häßlich, daß man lange Zeit daran zweifelte, ob er ein richtiger Mensch sei«. Das Gute aber, das dieser Märchenheld verkörpert, ist das Ideal des 17. Jahrhunderts: Er ist ein »homme du monde«, galant, geistreich, taktvoll und so besonnen wie beständig. Ihm gegenüber steht die schöne Prinzessin, deren Dummheit alle Nuancen der Formel »sans esprit« einschließt: Sie ist so begriffsstutzig wie ungeschickt, es mangelt ihr an geistiger Gewandtheit nicht nur des Denkens, sondern vor allem der Rede, der Fähigkeit, sich zwanglos und anmutig ausdrücken zu können. Welch ein Unglück in einer Gesellschaft, deren höchstes Ideal der »esprit« ist! Schon diese Umdeutung volkstümlicher Märchengestalten ist typisch für ein Kunstmärchen. Das gleiche gilt für die Handlung: Aller Märchenzauber wird zur bloßen Kulisse. Was bleibt den Feen noch zu tun, wenn der Mensch selbst das Wunder bewirkt, kraft seiner Liebe, seiner liebenswerten Eigenschaften? So wenig märchenhaft löst sich auch der dramatische Konflikt zwischen Riquet und der Prinzessin: im Gespräch, im geistreichen Gedankenspiel. Riquet erringt das Zaubermittel, indem er die Prinzessin durch Vernunftsgründe überzeugt, und so verwandelt

er sich in »ihren« Augen. Das Märchenwunder wird zum Wunder der Seele, so zeitlos wie die Märchenwelt.

Dem sorgfältigen Leser der Perraultschen Märchen erschließt sich über der Lektüre die Persönlichkeit des Autors. Perrault, der Entdecker und Schöpfer einer traumhaften Zauberwelt, ist zugleich auch ein Mensch mit dem Sinn für die einfache, nächstliegende Realität, der sich grundsätzlich unterscheidet von dem skurrilen Realismus seines Vorgängers Basile. Das Übernatürliche, das Perrault heraufbeschwört, rückt er durch solche realistische Motivierung wieder in Lebensnähe. Die Feen sind Patentanten, die Oger Haustyrannen, der Wolf ist ein Verführer. Dornröschens hundertjähriger Schlaf wird in vielen Einzelheiten wörtlich genommen. Däumlings Siebenmeilenstiefel sind eine gute Einnahmequelle. – Diese Wirklichkeit der Märchenwelt wird gesteigert durch sorgfältige Milieuschilderungen der damaligen Zeit: Im »Rotkäppchen« und im »Däumling« erfährt der Leser vom Leben, von den Gebräuchen, von der Sprache der einfachen Landleute. Die verschiedenen Welten der Bürger erstehen in den feudalen Burgzimmern des Blaubart, in den genau gezeichneten Moden von Aschenputtels Schwestern und im kleinbürgerlichen Milieu der Feen-Geschichte. Deutlicher noch als das väterliche Schloß der Eselshaut ist Dornröschens Umgebung das Abbild von Versailles, mit dem »cour de marbre», dem königlichen »chambre dorée« und dem berühmten Spiegelsaal, wo dem jungen Paar das Mahl serviert wird. Im »Riquet« tragen die Köche jene Pelzmützen mit Fellschwänzen, die damals das Ehrenzeichen der Oberköche vornehmer Häuser waren. Scharen dienstbarer Geister vom Hof des Sonnenkönigs bevölkern diese Welt, genaue Zeitangaben und besondere Eigennamen verleihen den Märchen Lebendigkeit und einen heiteren Akzent.

Aber diese realistischen, humorvollen Einzelheiten bleiben in den Volksmärchen Perraults nur versteckte Beigabe, zartes Kolorit. Die Märchenwelt bleibt in ihrem Kern bewahrt. Das muß um so mehr erstaunen, als Perrault in stärkerem Maße als andere Erzähler seiner Zeit verhaftet war, die das Phantasiegebilde eines Märchens noch nicht als »Literatur« anerkannte. Perrault war Repräsentant einer höfischen Gesellschaft, die solche schriftstellerischen Versuche nicht für »standesgemäß« hielt. Auch als Wissenschaftler fühlte sich Perrault seiner Epoche verpflichtet, in der man »vraisemblance«, logische Wahrscheinlichkeit, als Voraussetzung für Literatur ansah. Die zeitüblichen Moralien am Schluß seiner »Contes« betonen die Absicht, den »unglaubhaft« erscheinenden Märchen durch belehrende Auslegungen einen nützlichen Sinn zu geben. Zwar danken wir es heute dem Autor, daß er diese zeitgebundene und oft schwerfällige Art der Reflexion nicht in die Märchenhandlung selbst mischte, aber Perrault hat gerade deswegen manchen Sturm der damaligen Kritik über sich ergehen lassen müssen. Nicht ohne Grund sind die Dedikationstexte, die er seinen Märchen voranstellte, wahre Verteidigungsschriften gegen die feindseligen akademischen Tadler. Perrault war vor allem Pädagoge, privat und als Wissenschaftler. Das bezeugen alle seine Schriften. Selbst seine Memoiren, an denen er bis zu seinem Tode (1703) schrieb, sollten nichts sein als ein »Lehrbuch« für seine Kinder. Die Märchen aber dienten ihm als Beispiel in einem umfassenderen Erziehungsprogramm. Es war Perraults aktueller Beitrag zu einem Streit, der damals alle Größen der Académie Française erregte: ein letzter Höhepunkt im Kampf zwischen den bedingungslosen Verehrern der Antike und den Verfechtern der Neuzeit. Um den konservativen Boileau scharten sich die einen, um den fortschrittlichen Perrault die anderen. Perrault hat seine Ansichten in dem Hauptwerk »Parallèle des anciens et des modernes«, einer Gegenüberstellung der antiken und der modernen Geisteswelt, dargelegt. Auch sein volkskundliches Interesse, das er in den Märchen wie in einer Sammlung von Sprichwörtern und Bauernregeln bekundet, ist aus dem Wunsch geboren, den Überlieferungen der Antike die Leistungen der neueren Zeit entgegenzusetzen. Schon 1695 begründet Perrault als Erzieher, warum er die Erzählungen der eigenen Vorfahren den antiken Fabeln vorzieht: Mögen sie auch in ihrer Einfalt weniger kunstreich sein, so scheinen sie ihm doch moralischer und darum nützlicher. In väterlichen Worten schildert er die Anteilnahme der Kinder an den versteckt ethischen Lektionen der Märchen, in denen das Gute schließlich belohnt und das Böse bestraft wird: »Dies sind Samen, die man streut, und die zunächst nichts hervorbringen als Bewegungen der Freude und der Traurigkeit, aber es fehlt nicht viel, so erblühen daraus die guten Neigungen.«

Zur Biographie

Als Perrault 1697 seine Prosamärchen veröffentlichte, war er neunundsechzig Jahre alt. Einst, als jungen Advokaten, hatte ihn der Hof von Versailles angezogen. Sein ihm geistesverwandter Bruder Claude, der Erbauer der Louvre-Kolonnaden, hatte ihn bei dem einflußreichen Minister Colbert eingeführt. Als dessen gewissenhafter Sekretär und als höchst aktives Mitglied der Académie Française war er mit vielen Künstlern und anderen bekannten Persönlichkeiten zusammengekommen. Aber die aufreibende Kleinarbeit seiner nahezu zwanzigjährigen Amtstätigkeit hatte ihm wenig berufliche Erfolge eingebracht. 1681, mit dreiundfünfzig Jahren, zog er sich zurück: »sans bruit et sans éclat«, mit jener »bienséance«, dem vornehmen Anstand, der sein Leben und sein Werk auszeichnet. Nun wollte er sich vor allem der Erziehung seiner vier Kinder widmen, wie er in den »Mémoires de ma vie« schrieb.

In den folgenden Jahren entstanden seine Hauptschriften zur Verteidigung der Neuzeit: 1688-1696 die vier Bände mit den Dialogen des »Parallèle« und 1696-1700 zwei Bände mit kurzen Biographien zahlreicher Persönlichkeiten, die sein »modernes« Jahrhundert aufzuweisen hatte: »Les hommes illustres qui ont paru en France pendant ce siècle«. Gleichzeitig schrieb er auch die Märchen, deren Stoffe ihn schon lange gefesselt hatten. Die ersten Versuche, das Volksgut der Neuzeit literarisch zu fixieren, begannen 1691 mit der alten Legende »Griselde«, die er in Verse zwingt, so wie zwei Jahre später die beliebte komische Fabel von den »Drei lächerlichen Wünschen«, die Jupiter einem unzulänglichen Menschenpaar gewährt. Es sind Anfänge, in denen er sich noch bemüht, den Fabliaux-Stil seines Vorbildes La Fontaine nachzuahmen. Sie bringen Perrault manch scharfe Kritik ein, die ihm nicht gleichgültig ist. Aber schon 1694 ist er mit der Geschichte von der »Eselshaut« dem echten Märchenton näher gerückt. Noch fühlt er sich an den Vers gebunden, und es hätte ihn sicher gekränkt, wenn er geahnt hätte, daß die allzu freizügige und mittelmäßige Prosabearbeitung eines Unbekannten gegen Ende des 18. Jahrhunderts seinem Märchen die weiteste Verbeitung bringen sollte. Aber nicht der Vers ist das Wesentliche: »Eselshaut« ist das erste echte Märchen, das ihm gelingt, mochten auch die Märchenverächter dagegen lästern. In der halb offiziellen, halb privaten Widmung an die 47jährige Marquise de Lambert spricht Perrault im Namen einer großzügigen Geisteshaltung sein Urteil über die engstirnigen Tadler aus.

Dann wagte er endlich den Schritt zur Prosa. 1695 schreibt er seine ersten fünf Märchen im neuen Stil: »Die schlafende Schöne im Walde«, »Das Rotkäppchen«, »Der Blaubart«, »Meister Kater« und »Die Feen«. Das Manuskript geht von Hand zu Hand, findet Lob und – noch vor der Druckausgabe – die erste Nachahmerin in der Schriftstellerin Mademoiselle Lhéritier.

Erst 1953 wurde in Nizza ein Büchlein entdeckt mit dem Titel »Contes de ma mère l'Oye«, Geschichten der Mutter Gans – ein volkstümlicher Name für »Ammenmärchen«. Es ist die sorgsame Handschrift eines Kalligraphen mit wenigen Verbesserungen von Perraults Hand, eine kleine Kostbarkeit, in rotes Maroquinleder gebunden, mit sechs naiven Vignetten (heute im Besitz der New Yorker Pierpont-Morgan Library). Sie trägt die Jahreszahl 1695 und enthält die fünf ersten Prosamärchen Perraults mit je einer Moral. Sie sind der 17jährigen »Mademoiselle« gewidmet, deren Wappen der Einbanddeckel trägt: Charlotte Elisabeth d'Orléans, Tochter von »Monsieur«, dem Bruder Ludwigs XIV., und von »Madame«, das ist Liselotte von der Pfalz. Mademoiselles unkonventionelle, aufgeweckte Persönlichkeit, die wir aus den köstlichen Briefen ihrer Mutter kennen, und zugleich ihre vornehme Stellung am Hof mögen veranlaßt haben, daß Perrault ihr nicht nur seine »Griselde«, sondern auch die Prosamärchen widmete. Daß der Autor nicht selbst in Erscheinung tritt, sondern P. P., Pierre Perrault, sein 1678 geborener, also damals 17jähriger Sohn, mag seltsam anmuten. Aber der Vater, als angesehener Wissenschaftler, wollte sich – nach den Angriffen auf seine vorhergehenden Volkserzählungen – nicht erneut bloßstellen, gerade jetzt, da er sein Hauptwerk, den »Parallèle« beendete. Dennoch war Charles Perraults Autorschaft bald ein offenes Geheimnis.

Nachdem 1696 in der vielgelesenen Zeitschrift »Mercure Galante« zum ersten Mal das Dornröschen-Märchen gedruckt und mit Beifall aufgenommen worden war, erschien im Januar 1697, zu Perraults

70. Geburtstag, die sorgsam korrigierte und um einige Moralien erweiterte Sammlung der ersten fünf mit drei neuen Prosamärchen: »Aschenputtel«, »Riquet mit dem Schopf« und »Der Däumling«. Auch in dieser Pariser Erstausgabe zeichnet wieder der Sohn, jetzt P. Darmancour genannt, als Verfasser. Zu dem alten volkstümlichen Untertitel auf der ersten Kupfervignette tritt ein neuer Haupttitel, der gewichtiger, akademischer klingen soll: »Histoires ou Contes du temps passé. Avec des Moralitez.« Und noch einen weiteren Namen erhielten Perraults Märchen, nachdem die Feen zum Inbegriff der Märchenwelt geworden waren: Als »Contes des Fées« erschienen sie neben den zahllosen »Feerien« der Nachahmerinnen, mit deren dekorativer und moralisierender Manier sie keineswegs gleichzusetzen sind. Lange wurden Perraults einfache Erzählungen von dieser Epigonenliteratur überflutet und mußten rund fünfzig Jahre später erst wieder neu entdeckt werden. Dann aber traten sie nach dem anonymen nun auch den offiziellen Siegeszug durch die Welt an. In Europa, Rußland, Japan und China erschienen vor allem im 19. Jahrhundert Übertragungen und Bearbeitungen der Perraultschen Märchen. In Frankreich aber blieben sie bis heute die bekannteste und beliebteste Märchensammlung überhaupt.

Die Illustrationen

1862 erschien bei J. Hetzel in Paris eine Prachtausgabe der Perraultschen Märchen mit den Holzschnitten von Gustave Doré. Kein zweiter der vielen Illustratoren Perraults hat eine so große Popularität, einen so internationalen Ruhm erworben. Doré war damals gerade dreißig Jahre alt und schon auf dem Gipfel seines Könnens angelangt. Er hatte bereits mit zehn Jahren begonnen, Dante zu illustrieren, und als Elfjähriger trug er den ersten Vertrag als Lithograph für die Pariser satirische Zeitschrift »Journal du Rire« in der Tasche. Das war ein bezeichnender Auftakt: Bei diesem frühreifen Straßburger, der die Technik des Holzschnittes mit künstlerischer Raffinesse zu einem Höhepunkt führte, vereinigt sich die Vorliebe für faszinierend Dramatisches und Geisterhaftes mit einer starken Neigung zur Karikatur. Diese Mischung entspricht auf besondere Weise den Perraultschen Märchen. Zwar folgen Dorés Illustrationen in manchen äußeren Einzelheiten nicht dem Originaltext. Sie vereinen historische Requisiten verschiedener Epochen: die prächtigen Renaissance-Schlösser Franz' I. und die spanische Kavaliersmode, die Damenkleidung zur Zeit Ludwigs XIII. mit der Perückenpracht aus der Epoche des Sonnenkönigs. Für die »Eselshaut« lag dem Illustrator nur die mittelmäßige Prosabearbeitung von 1781 vor. Entscheidend aber ist: Doré hat den Geist der Perraultschen Märchen auf einprägsame Weise ins Optische übertragen.
Mit großer psychologischer Einfühlungsgabe sind die inneren dramatischen Situationen ins Bild ge-

bannt: der Alptraum, der Dornröschens Prinzen umgibt, wenn er das schlafende Schloß durcheilt, die Spannung, von der die mondhelle Nacht beherrscht ist, in die Prinzessin Eselshaut verängstigt und hilflos aus dem mächtigen Schloß des Vaters enteilt. Die Schlösser und der dichte Wald, das sind die ständig wiederkehrenden Kulissen auch der Perraultschen Märchen. Am stärksten aber entfaltet sich Dorés Talent in der Charakterisierung der Figuren. Da ist das unschuldige kleine Bauernmädchen, das Rotkäppchen, mit den ländlichen Gaben in der Hand, der Oger der Däumlingsgeschichte, ein schwerfälliger Koloß mit einer Mischung aus Gutmütigkeit und Brutalität in Miene und Haltung und daneben seine treu ergebene Frau (die ja keine Ogerin ist!), die gute Mutter, die mitleidvoll am Schicksal alles Kindlich-Hilflosen teilnimmt. Und wie rührend im Sinne Perraults wirkt das Häuflein der verlorenen Kinder, die sich eng aneinander schmiegen, geführt von dem einzigen, der sie retten kann, dem Kleinsten, Furchtlosesten, der die Geste der Höflichkeit wohl anzuwenden weiß, wenn es heißt, nachts bei einer fremden Dame Schutz zu suchen.

Mit künstlerischer Begeisterung ergreift Doré die Möglichkeiten der Karikatur, die in den Perraultschen Märchen angedeutet sind: Da ist die Pose der Höflinge vor dem verwitweten König der »Eselshaut«, der in verdächtig übermäßiger Trauer haltlos auf dem Thron »hängt«. Da werken die übereifrigen Köche, die mit Hast und Kennerschaft das Hochzeitsmahl für den Prinzen Riquet herrichten. Da sind die übertriebenen Bücklinge der furchtsamen Feldarbeiter im »Gestiefelten Kater« und vor allem dieser selbst: Sein Zug zur Großsprecherei, seine Eitelkeit, ein temperamentvoller, galanter Komödiant im Katzenfell, mit den pompösesten Stiefeln, die die Mode erfunden hat, dazu mit spanischem Federhut und breitem Gürtel (Beigaben, die der Perraultschen Charakterisierung nur entgegenkommen). In allem aber ist der »Meister« Kater, der vorausplanende Praktiker des Alltags, der nie ausgeht, ohne auch für sich als Mundvorrat eine Maus am Gürtel mitzuführen. Wir verstehen, warum gerade diese Gestalt zum Inbegriff der Perraultschen Märchen überhaupt wurde, so daß man ihr in den Pariser Tuilerien, am Sockel der Büste Perraults, ein heute noch sichtbares Denkmal setzte.

RUTH METTLER